질병과 함께 걷다

인문학으로 만성질환 바라보기

질병과 함께 걷다

박성호 이은영 정세권 지음

질병과 동행하는 삶, 새롭게 열리는 돌봄의 지평,

고통을 넘어서는 통찰을 만나다!

돌아 모시는사람들

서문

경희대학교 HK+통합의료인문학연구단은 '인문학이 주도하는 의료인문학'이라는 기치 하에 4차 산업혁명 시대의 인간 가치를 재조명하는 데 목표를 두고 지난 2019년부터 의료인문학과 관련된 다양한 분야에서 활동을 펼쳐오고 있습니다. 분과학문의 경계에 함몰되지 않고 인간의 생애주기인 생로병사(生老病死)를 중심으로 한 주제별 연구팀을 수립하여 각 팀의 연구 과제에 부합되는 학제간 성과를 축적해 왔습니다.

주제별 연구 병(病) 팀은 『감염병의 장면들』, 『환자란 무엇인가』를 통해 의료인문학과 관련된 다양한 의제들을 학문 분야뿐만 아니라 사회 일반에서도 손쉽게 이해하고 접근할 수 있도록 힘써 왔습니다. 이러한 일련의 노력들은 우리의 연구가 소수 학자들만의 전유물로서 상아탑 내에서만 머무르는 게 아니라,

의료와 관련된 우리 모두의 이야기로 확산함으로써 앞으로 우리 사회가 만들어나가야 할 의료의 '인간적인 이상'을 다함께 모색해보자는 취지에서 이루어진 것이었습니다.

이와 같은 노력을 확장하여 올해에는 주제별 연구 병팀에 국한된 기획에서 머무르지 않고, 경희대학교 인문학연구원 HK+ 통합의료인문학연구단 전체의 의제로서 '고통과 돌봄'이라는 테마를 선정, 이에 적합한 학술 및 교양총서를 기획, 집필하게 되었습니다. 『질병과 함께 걷다』는 이러한 맥락 하에 구성된 기획으로, 치료 대상으로서의 질병에 주목해 온 기존의 관점에서 벗어나서 우리가 삶의 일부로 받아들일 수밖에 없는 만성질환이나 난치병 등을 어떻게 바라보고 받아들이며 나아가서는 돌보아 왔는지 그 흔적을 짚어 보고 그 미래를 가늠해 보고자 합니다.

이 책은 총 2부로 구성되어 있습니다. 1부 〈나란히 걷는 삶〉에서는 질병이나 장애, 혹은 치료 대상으로서의 '병'으로 간주되지는 않더라도 우리의 삶에 일정한 고통을 주는 현상 내지는 상태를 인간이 어떻게 인지하고 생활의 일부로 받아들이게 되는지를 다루었습니다. 2부 〈치료에서 돌봄으로〉에서는 만성질환이나 난치병과 같이 완전한 치유를 기대할 수 없는 질병이나 장애 등을 앓는 환자를 위해 인문학적인 관점에서 제시할 수 있는 고통 경감과 돌봄을 위한 다양한 노력과 시도를 살펴보았습니다.

HK+통합의료인문학연구단 교양총서 『질병과 함께 걷다』를 통해 우리가 질병을 인식하고 수용하는 새로운 관점을 구축하는 계기를 마련할 수 있기를 바랍니다. 아울러서 질병으로 인한 고통을 그저 거부와 부정의 대상으로만 여기지 않고, 고통을 완화하면서 질병 그 자체를 삶의 일부로 바라볼 수 있는 또 다른 치유와 돌봄의 가능성이 열릴 수 있으면 좋겠습니다.

경희대학교 인문학연구원 HK+통합의료인문학연구단

차례

질병과 함께 걷다

1부 나란히 걷는 삶

2부 치료에서 돌봄으로

1부 나란히 걷는 삶

승려, 질병과 함께 걷다

이은영

경희대학교 인문학연구원 HK+통합의료인문학연구단 전(前) HK연구교수

1. 승려답게 살다가, 승려답게 떠나다

2010년 3월 11일 한 비구가 세상을 떠났다. 관도 짜지 말라는 유언에 따라 승려의 법구(法樞)는 작은 평상 위에 놓여 가사만 덮은 채로 운구되었다. 비구 법정은 그렇게 길상사를 떠나 송광사 다비장으로 운구되어 거기서 재가 되었다. 그가 눈을 감은 길상사에는 시인과 기생의 사랑, 절이 된 고급 요정이라는 현대판 설화 같은 이야기가 남아 있다. 길상사는 시인 백석의 연인으로도 유명한 김영한(1916-1999)이 법정 스님의 『무소유』에 감명받아 국내 3대 요정의 하나였던 대원각을 절로 만들어달라며 시주해서 탄생한 절이다. 1997년 12월 14일 대원각이 길상사가 되던 날 김영한은 단지 길상화(吉祥華)라는 법명과 염주 하나만 받았다.

법정 스님에게도 길상사는 '내 것'이 아니었다. 그는 1997년

창건한 길상사에서 살아서는 하룻밤도 잔 적이 없다. 스님은 2010년 3월 11일 오전 11시 50분쯤 암 투병을 하던 삼성서울병원을 떠나 12시 30분쯤 길상사에 도착했다. 그에게 병원은 세상과 이별하기에 적당한 장소는 아니었다. 병원보다 절에서 돌아가시는 것이 좋겠다 여겨 "길상사로 가시겠느냐."고 묻는 제자들에게 법정 스님은 고개를 끄덕였다. 병상에서도 계속 강원도 오두막으로 가고 싶어했지만 눈이 쌓인 그곳에는 접근이 어려워 길상사로 향한 것이다. 절에 도착해서 "여기 길상사 절입니다."는 말에 다시 고개를 끄덕이고 그는 평화롭게 세상을 떠났다. 오후 1시 52분이었다. 이 세상에서 78년의 삶을 살면서 그는 55년간 승려였고, 마지막 3~4년은 폐암 환자이기도 했다.

2010년 2월 24일 법정 스님은 〈남기는 말〉과 〈상좌들 보아라〉라는 두 편의 유언장을 남겼다. 유언장에는 그가 생각해 온 승려다운 삶과 죽음, 그가 평생 마음에 새기고 실천한 무소유의 정신이 녹아 있다. 〈남기는 말〉에서 그는 '내 것'이 남아 있다면 모두 '(사)맑고 향기롭게'에 주어 맑고 향기로운 사회의 구현을 위해 사용하도록 당부했다. 또한 맑고 향기로운 세상을 만들기 위해 펼친 '무소유'의 글이 비구 법정의 '내 것'으로 남지 않도록, 또한 누군가의 소유와 욕망의 대상이 되지 않도록

유언에 따라 법정 스님이 관도 없이 대나무 평상에 눕혀져 운구되고 있다.
사진 제공: 연합뉴스

그는 경계했다. 그래서 "그동안 풀어 논 말 빚을 다음 생으로 가져가지 않으려" 한다며 자신의 이름으로 출판한 모든 출판물을 더 이상 출간하지 말아달라고 했다. 제자들에게 남기는 〈상좌들 보아라〉에서는 자신이 떠나더라도 마음속에 있는 스승을 따라 수행에 매진하라고 했다. 맏상좌 덕조에게는 불일암에서 10년간 수행에만 매진하라고 했으며, 제자들에게 신의와 예의로 서로 존중하고 합심하여 맑고 향기로운 도량을 이루고 수행하라고 당부했다. 그는 제자들에게 자신의 장례에 대해서도 유언을 남겼다. 번거롭고 부질없는 검은 의식을 행하지 말 것, 사리를 찾으려 하지 말 것, 관과 수의도 마련하지 말 것을 당부했다. 이웃에 폐를 끼치지 않는 곳에서 평소의 승복을 입은 상태로 다비해 달라고 했다.(「법정스님 유언장 전문」,《연합뉴스》, 2010.03.17.)

유언은 그의 오랜 생각이었을 것이다. 법정 스님은 「죽음도 미리 배워 두어야 한다」는 글에서 사람은 저마다 그 사람다운 죽음을 택하고 준비해야 한다고 쓴 적이 있다. 그러기 위해서는 "우리가 일찍부터 삶을 배우듯이 죽음도 미리 배워 둬야" 한다. 그는 승려답게 삶을 살고자 했고, 승려답게 삶을 떠나고자 했다. 승려로서 그는 무소유의 삶을 살고자 했고, 그것을 세상에 전파했으며, 그에 맞게 삶을 떠나고자 했다. 법정 스님은 자신의 유언대로 관과 수의도 없이 평소 입던 옷을 입은 채로 평소 쓰던 대나무 평상에 눕혀져 가사만 덮인 채로 운구되었다.

처음 폐암을 진단받았을 때 법정 스님은 치료를 내키지 않아 했다고 한다. 폐암 진단 전에도 아주 건강한 상태는 아니었다. 이십 대 초반에 폐렴을 심하게 앓은 후 그는 40년 넘게 천식으로 고생했다. 간소하고 소박한 삶, 남에게 폐 끼치지 않는 삶을 원했던 그에게 폐암이라는 중병의 진단은 곤혹스러운 일이었다. 수술이 시급한 상태였지만 삶에 대한 집착으로 여겨져 그는 치료를 안 하려 했다. 결국 더 오래 살며 불법(佛法)을 세상에 더 전하라는 제자들의 설득으로 수술을 받게 되었고, 결과는 성공적이었다. 그러나 암이 재발했고 2010년 1월 말 서울삼성병원에 입원하게 된 것이다.

생로병사. 태어난 자는 죽는다. 어려서, 혹은 젊어서 죽는 게 아니라면 늙음과 병듦도 피할 수 없다. 불교의 개조 고따마 붓다조차도 늙음, 병듦, 죽음은 피할 수 없었다. 흔히 탐욕과 집착을 경계하는 불교는 질병을 치료하고 육체적 고통을 없애는 일에 무심하리라고 여기는 경우들이 있다. 그러나 불교는 고통의 치유를 목표로 하는 종교이자 철학이며, 그런 면에서 육체적 질병과 고통 또한 치유의 대상이다. 그러니 불교가 육체적 질병이나 고통에 대해 어떠한 조치도 취하지 않고 방치할 뿐이라고 여기면 틀린 생각이다. 그러나 한편으로 불교가 육체적 질병이나 고통의 치유에 집착한다 여겨도 물론 틀린 생각이다. 방치도 집착도 아닌 중도(中道), 이것이 질병과 고통에 대처하는 불교의 기본적인 태도이다. 즉 마음뿐만 아니라 몸의 질병과 고통도 치유하고 달래되, 과욕을 부리지 않아야 한다. 또한 질병이나 고통은 삶을 살아가는 인간이 마주할 수밖에 없는 일임을 알고 담담하게 받아들이고 견디면서 치유의 길을 걸어야 한다. 질병은 전쟁터에서 만난 적수라기보다는 인생의 길을 걸어가면서 드리워질 수밖에 없는 우리의 그림자이다. 그림자를 떼어 놓고 걸어갈 수 없듯이 생을 받은 자에게 크고 작은 질병은 불가피한 현상이다.

2. 불교 선원(禪院)의 간병

질병은 승속을 가리지 않고 찾아온다. 돌보아줄 부모와 형제를 떠나 출가한 승려들에게 질병은 더 가혹한 시련이 되기도 한다. 몸보다는 마음의 건강과 자유를 더 구하더라도, 몸이 수행을 버텨 주지 못하면 마음의 건강과 자유에 이르기 어렵다. 함께 숙식하고 수행하는 공동체 생활을 하는 승려들에게 건강 관리는 단지 개인만의 문제에 그치지 않는다. 공동체의 위생과 건강관리는 심신의 건강 유지를 위해서도, 수행을 위해서도 승단에서 필요하고 중요한 일이다. 그렇기에 고따마 붓다 시대부터 불교 승단에서는 의료와 돌봄을 행했다. 처음에는 가족을 떠나 공동체 생활을 하는 승려 자신들의 서로에 대한 치료와 돌봄이 현실적으로 필요해서였다. 그리고 그렇게 쌓은 지식과 경험은 차차 일반인들에게도 의료와 돌봄을 베푸는 것으로 이어졌다.

불법(佛法)을 들고 동쪽으로 향한 초조 보리달마(菩提達磨, ?~528)에 의해 중국에서 선불교가 시작되었지만, 오랫동안 별도의 선종 사원이 있지는 않았다. 백장회해(百丈懷海, 720~814)가 784년 대웅산 백장사를 설립하면서 비로소 최초의 독립적인 선종 사원, 즉 선원(禪院)이 탄생했다. 당시에는 재가자와 사회 권력층에 승가가 의존하면서 승가의 독립성이 위협받고, 사회로부터 승려가 무위도식하는 존재라는 비판이 있었다. 이러한 상황에서 선종 사원을 창건한 백장회해는 '일일부작(一日不作) 일일불식(一日不食)'을 표방하며, 선원이 수행뿐만 아니라 자급자족하는 체계를 갖추도록 했다. 이렇게 해서 참선 수행뿐만 아니라 선원 생활을 유지하기 위해 노동하고 청소하고 간병하는 것들도 모두 수행의 일부가 되었다. 일상이 수행화되었으며, 수행이 일상화된 것이다. 선원을 창립하면서 백장회해는 인도의 율장과 중국 유가의 예의 및 법도를 절충해서 선원의 운영과 수행, 직제, 가람 등을 명시한 『선원청규』를 제정했다. 백장의 청규는 현존하지 않지만, 다른 불교문헌들에 그 개요가 전해진다. 또한 백장의 청규를 바탕으로 하여 다른 선원청규들이 등장했다.

전통적인 청규에 따라 운영된 불교 선원의 직제는 방장(주지) 아래에 중위직, 하위직 소임이 있는 구조이다. 선원에서는 전통적으로 질병 치료와 간병을 맡은 중위직 소임자를 연수당주(延壽堂主)라 칭했고, 병든 승려가 치료와 간병을 받는 공간을 연수당(延壽堂)이라 했다. 연수당주는 치료와 간병을 하는 역할이기 때문에 승려들 중 질병에 대해 잘 아는 사람에게 그 소임을 맡긴다. 그러나 연수당주에게는 의료적 지식과 경험 이상의 것이 필요하다. 환자에 대한 관용과 연민, 인내, 그리고 병승이 환자 역할만이 아니라 승려 역할에서도 벗어나지 않도록 돕는 것이다. 이것이 연수당주에게 요구되는 자질과 임무라는 것을 우리는 아래 자각종색 선사의 선원청규에서 확인할 수 있다.

연수당주는 너그러운 마음으로 일을 참아내고, 도에 대한 생각으로 살펴서 병든 스님을 돌보아 주며, (병과 계율에 대한) 인과를 잘 아는 사람으로 소임을 청한다…….

병자가 고통스러워서 마구 신경질을 내고, 걸핏하면 죽과 밥 혹은 탕약에 투정부리거나, 신음하고 울부짖으며, 오줌ㆍ똥이 낭자하더라도 연민히 여기는 생각을 내어서 돌보아 주어야 하며 꺼리거나 경시하면 안 된다.

만일 술을 사서 약에 넣고서 물약이라며 이름붙이거나, 물고기, 고기, 파, 부추를 먹어서 보양식으로 삼으려고 하면, 이때에 연수당주는 금계에 대한 인과를 잘 말해줘서 깨우쳐 주어 바른 생각을 굳게 지니게 하고 삿된 마음을 따르지 않게 한다. 공양을 나르는 행자나 삭발 및 바느질해 주는 사람을 엄중히 경계시켜서 술과 고기를 몰래 숨겨서 연수당에 가지고 들어오지 못하게 한다.

병든 스님이 차도가 있으면 조금씩 〈두 때의〉 죽과 밥으로 추진하면서 오후 불식을 지키도록 권하고 금계를 가볍게 어기는 일이 없게 해야 한다. …… 연수당에서 쉬어야 할 사람이 아닌 경우에는 때가 지난 죽과 밥을 허용해서는 안 된다. ……

여덟 가지 복밭(佛ㆍ法ㆍ僧, 아버지, 어머니, 스승과 어른, 빈궁자, 교량, 공동 우물, 병자) 가운데 간병이 가장 으뜸이다. 하물며 출가인들은 구름처럼 떠도는 부평초 신세여서 한번 병들면 누가 불쌍히 여기며 보살펴 주겠는가. 오직 같은 스님들의 자비로운 보살핌에 의지할 뿐이다. (그러므로 연수당주는) 정말로 중요한 소임이니 어찌 소홀한 마음을 갖겠는가.

- 자각종색, 『선원청규』

가족을 떠나 출가한 승려에게 삶의 목표는 자신의 수행을 완성하는 것이다. 그가 선택한 삶의 길은 수행을 완성해 나가는 길이다. 질병이 그의 발걸음을 더디게 한다 해도, 삶의 목표와 그가 걷고자 한 길이 완전히 흔들려서는 안 된다. 그래서 연수당주는 환자이자 수행승인 병승의 목발이 되어 함께 투병과 수행의 길을 걸어준다. 그 길은 때로 죽음으로 이어지는 막다른 길이기도 하기에 연수당주의 역할은 더욱 중요하다.

오늘날 한국불교에서 연수당주의 소임은 '간병 (스님)'으로 칭해진다. 하안거(음력 4월 15일~7월 15일)와 동안거(음력 10월 15일~이듬해 1월 15일)에 들 때, 혹은 큰 불사(佛事)가 있을 때 승려들은 청규에 따라 소임을 나누고 그것을 벽에 붙인다. 이렇게 붙이는 방을 결제방(結制榜), 혹은 용상방(龍象榜)이라 한다. 1970년대 오대산

고려판 『선원청규』(자각종색선사 지음, 최법혜 역주,
『고려판 선원청규 역주』, 가산불교문화연구원, 2011)

상원사의 어느 해 동안거를 기록한 지허 스님의 『선방일기』에
는 이에 대한 언급이 있다.

10월 15일

삼동결제에 임하는 대중이 36명이다. 조공(朝供, 아침공양)이 끝
나자 공사가 열렸고 결제방(結制榜)이 짜여졌다. 결제방이란 결
제 기간에 각자가 맡은 소임이다. 36명의 대중을 소임별로 적
어보면

조실 1명 - 산문의 총사격으로   종두 1명 - 타종 담당
선리 강화 및 참선지도   헌신 1명 - 귀객식물 담당
유나 1명 - 포살(계행과 율의) 담당   원두 2명 - 채소밭 담당
병법 1명 - 제반시식 담당   화대 2명 - 화력 관리
입승 1명 - 대중 통솔   수두 2명 - 식수 관리
주지 1명 - 사무총괄   욕두 2명 - 목욕탕 관리
원주 1명 - 사중(寺中) 살림살   간병 1명 - 환자 간호
이 담당   별좌 1명 - 후원 관리
지전 3명 - 전각의 불공 담당   서기 1명 - 사무서류 담당
지객 1명 - 손님 안내   공사 2명 - 불공 담당
시자 2명 - 조실 및 주지 시봉   채두 2명 - 부식 담당

다각 2명 - 차 담당	부목 4명 - 신탄 담당
명등 1명 - 등화 담당	소지 모두 - 청소

　나의 소임은 부목이다. 소임에 대한 불만도 없지만 그렇다고
만족도 없다. 단체생활이 강요하는 질서와 규율 때문이다. 결
제 불공이 끝나고 조실 스님의 법문이 시작되었다. 〈중략〉
　법문을 하는 스님이나 듣는 스님들이나 견성을 위해 이번 삼
동에는 백척간두에 서서 진일보하겠다는 결단과 의지가 충만
해 있다. 다혈질인 몇몇 스님들은 이를 악물면서 주먹을 굳게
쥐기도 했다.

- 지허, 『선방일기』

　일기를 쓴 지허 스님은 불을 지피는 역할인 부목을 맡았는
데, 다른 소임 중에 '환자 간호' 역할인 '간병'이 나타난다. 안거
기간 동안 공동체 생활을 위해 각자의 소임을 나누고 책임지고
그 역할을 다하는 것도 수행의 일부이다. 2010년에 현 시대에
맞게 선원 공동의 청규로 제정된 『조계종선원청규』에서는 "간
병이란 아픈 스님을 간호한다는 뜻으로, 병든 수행자들을 치료
하고 돌보는 중요한 소임"이라 한다. 간병 소임자는 "건강과 약

오대산 상원사의 문수전.
선방일기의 저자 지허스님은 오대산 상원사에서 동안거 수행을 했다.

에 대한 지식이 어느 정도 있어야 하며, 자비로운 마음으로 병든 스님을 돌보아야 한다.”

3. 선승(禪僧)의 투병

병든 승려가 치료와 간병을 받는 공간인 '연수당'은 '성행당(省行堂)'으로도 불렸다. '성행당'이란 병을 선지식으로 삼고 병이 어디에서 왔으며, 병고를 받는 자 또한 누구인가 살피라는 뜻에서 붙여진 이름이다. 오늘날 한국불교 선원에서는 병든 승려가 머무는 공간을 연수당이나 성행당이 아니라 간병실로 칭한다. 그렇지만 병을 수행의 계기로 삼으라는 태도는 변치 않아서 『조계종선원청규』에서는 “간병실에 입실한 환자는 양병에 최선을 다해야 하며, 병이 어디로부터 왔는지 잘 살펴 수행하는 자세를 잃지 말아야 한다.”고 간병실 수칙에서 밝힌다.

달라진 의료 상황에서 간병실은 과거만큼 적극적인 치료까지 할 수 있는 공간은 아니다. 병으로 승려들과 함께 참선수행을 할 수 없는 승려가 간병 소임자의 간호를 받아 가며 건강을 회복하는 공간이다. 따라서 상비약을 사용하거나 휴식을 취해서 회복될 수 있는 정도가 아니라 병원 치료가 필요한 경우 간병 소임자는 병승이 병원에 통원하거나 입원 치료를 받을 수 있게 조치한다. 『조계종선원청규』에서는 "한 달 이상 입원 치료를 요할 시에는 요양이 가능하도록 퇴방한다."고 되어 있다. 집중 참선 수행을 하기 위해 동안거나 하안거에 참여한 승려가 질병으로 오랫동안 수행을 할 수 없는 상황이 된다면 선방에 계속 이름을 올리고 있는 것이 의미 없을 것이다. 또한 그 정도의 질병이라면 선방의 간병으로 치료될 수도 없다.

과거에는 불교 승원이 재가자들도 치료를 위해 찾을 정도로 종교시설일 뿐만 아니라 의료시설의 역할도 하고, 승려들 중에는 의사 노릇을 할 수 있을 정도로 의학지식과 경험이 풍부한 이들도 있었다. 또한 출가는 그야말로 속세의 가족과 거주 공간을 떠난 것이어서 승려의 질병이나 임종을 승단에서 자체적으로, 전적으로 해결하는 것이 당연시되었다. 그러나 현대는 비구계나 비구니계를 받기까지의 수련 기간, 또 안거 기간을 제외하고는 이러한 승단의 돌봄을 받기가 어려운 경우들이 많다. 특정 절에 소속되어 있지 않은 승려는 대개 병에 걸렸을 때 자신이 스스로, 혹은 속가 가족의 도움을 받아 병을 치료하고 요양해야 한다. 지허 스님의 11월 28일 선방일기는 이러한 한계를 보여주는 한편, 병들었으나 여전히 수행자의 마음과 자세를 잃지 않는 승려, 현실적인 도움을 주기에는 가진 것이 너무나 적지만 마음만은 자비로운 동료 승려들의 모습이 잘 나타난다.

11월 28일

결핵에 신음하던 스님이 바랑을 챙겼다. 몸이 약하지만 그래도 꿋꿋이 선방에서 버티던 스님이다. 어제 저녁부터 각혈이 시작되었다. 부득이 떠나야만 한다. 결핵은 전염병이고 선방은 대중처소이기 때문이다.

각혈을 하면서도 표정에서 미소를 지우지 않으려고 노력하는 모습이 무척이나 인상적이다. 동진출가한 40대의 스님이어서 의지할 곳이 없다. 어디로 가야 할지 알 수 없다면서도 절망이나 고뇌를 보여주지 않는다. 조용한 체념뿐이다.

뒷방 조실 스님(* 실제 선원의 조실 스님이 아니라 '지대방이자 간병실'에서 대장 역할을 하는 스님을 지칭한 것임)의 제의로 모금이 행해졌다. 선객들에게 무슨 돈이 있겠는가. 결핵과 함께 떠나는 스님이 평소에 대중에게 보여준 인상이 극히 좋아서 대중 스님들은 바랑 속을 뒤지고 호주머니를 털어 비상금을 몽땅 내놓았다. 모으니 9,850원이다. 사중에서 오천 원을 내놓았고 시계를 차고 있던 스님

두 분이 시계를 풀어 놓았다. 나는 마침 내복이 여벌이 있어서 떠나는 스님의 바랑 속에 넣어 주었다. 결핵요양소로 가기에는 너무 적은 돈이며, 장기치료를 요하는 병인데 병원에 입원할 수도 없는 돈이다. 응급치료나 받을 수밖에 없는 돈이다. 모금해 준 성의에는 감사하고 공부하는 분위기에는 죄송스러워 용서를 바랄 뿐이라면서 바랑을 걸머졌다.

눈 속에 트인 외가닥 길을 따라 콜록거리면서 떠나갔다. 그 길은 마치 세월 같은 길이어서 다시 돌아옴이 없는 길 같기도 하고 명부의 길로 통하는 길 같기도 하다. 인생하처래 인생하처거가 무척이나 처연하고 애절하게 느껴짐은 나의 중생심 때문이겠다. 나도 저 길을 걷지 않으리라는 보장은 없다.

답답하다. 아직 견성하지 못한 나로서는 당연한 감정이기도 하다. 현대의 우리 불교계 풍토에선 병든 스님이 갈 곳이 없다. 더구나 화두가 전부인 선객이 병들면 갈 곳이 없다. 날마다 수를 더해 가는 약국도, 시설을 늘려가는 병원도 그들이 표방하는 표제는 인술이지만 화두뿐인 선객을 맞아들일 만큼 어질지는 못하다. 자비문중이라고 스스로가 말하는 절간에서도 병든 선객을 위해 베풀 자비는 없다. 고작해야 독살이 절에서 뒷방이나 하나 주어지면 임종길이나 편히 갈까.

그래서 훌륭한 선객일수록 훌륭한 보건자이다. 견성은 절대
로 단시일에 가능하지 않고 견성을 시기하는 것이 바로 병마라
는 걸 잘 알기 때문에 섭생에 철저하다. 견성이 생의 초월에서
이루어지는 것이 아니고 생의 조화에서 가능하기 때문이다.

- 지허, 『선방일기』

병든 승려는 결핵으로 각혈을 하면서도 미소를 잃지 않으려
애썼다. 어린 나이에 출가한 그에게는 선방을 나가서 의탁할
가족이나 지인도 없다. 그런 막막한 상황에서도 절망과 고뇌를
보여주지 않는 병승의 모습은 불교에서 즐겨 쓰는 표현인 '두
번째 화살을 맞지 마라'를 떠올리게 한다. 질병이나 실패든 우
리는 살면서 우리를 아프게 하는 화살에 맞을 수 있다. 그러나
그로 인해 절망하고 고뇌하는 것은 스스로 쏘는 두 번째 화살
이다. 불교에서는 이 두 번째 화살을 맞지 말라고 한다.

떠나야 하는 병승을 위해 다른 승려들은 얼마 있지도 않은
돈을 그야말로 다 털어놓는다. 차고 있는 시계, 여벌의 내복까
지도 내놓을 정도의 자비와 정성을 보이지만, 그걸로는 요양소
를 가기에도 병원에 입원하기에도 턱없이 모자란다. 병든 승려
는 수행 분위기를 깨뜨려 죄송하고 감사하다며 아마도 죽음으

로 향하는 것만 같은 길을 콜록거리며 걸어간다. 일기의 화자
는 그것을 처연하고 애절한 마음으로 바라보며, 한편으로 생사
에 담담하지 못한 그러한 마음이 중생심일 뿐이라며 스스로를
다잡기도 한다. 70년대의 선방일기이긴 하지만, 이러한 문제가
오늘날 완전히 해결되었다 할 수는 없다. 그래도 승려복지제도
와 노후수행관의 건립 등으로 승려 돌봄의 공백을 막는 한편,
질병과 노화를 겪고 임종하는 과정에서도 승려다움을 잃지 않
을 수 있는 돌봄을 제공하려는 노력이 이어지고 있다.

4. 나다운 투병, 나다울 수 있게 도와주는 간병

　크고 작은 질병은 우리가 삶에서 마주할 수밖에 없는 문제
이다. 달갑지는 않으나 우리를 찾아오는 그 질병과 함께 우리
는 어떠한 길을 걸어야 하는가. 때로 죽음으로 이어질 수도 있
는 그 길을 우리는 어떠한 마음과 태도로 걸어야 하는가. 연명
의료 장치를 사용할 것이냐, 말 것이냐의 문제를 따지는 것은
그 길에서 벌어지는 일들, 내려야 할 결정 중 하나에 불과하다.
법정스님은 「자기 자신답게 살라」는 글에서 "지금 이 자리에서

최선을 다해 최대한으로 살 수 있다면 여기에는 삶과 죽음의 두려움도 발붙일 수 없다. 저마다 서 있는 자리에서 자기 자신답게 살라"고 했다.

이제 환자이기 이전에 평생 자신의 삶을 개성을 갖고 일궈왔던 한 인간이 투병의 과정에서 자신다움을 유지하는 것, 그리고 종국에는 자신다운 죽음의 과정을 걷는 것에 대한 이야기가 필요하다. 그리고 획일적이고 기계적인 간병에서 벗어나 병을 앓거나 죽어가는 바로 그 사람다운 투병과 임종이 가능하도록 돕는 간병에 대한 이야기가 필요하다.

한 줄씩 써 내려간
질병과의 오랜 여정

박성호
경희대학교 인문학연구원 HK+통합의료인문학연구단 HK연구교수

1. 질병을 끌어안은 삶이란 무엇일까

질병과 함께 살아간다는 것은 어떠할까. 병상에서 떠나지 못하는 심각한 상태의 질병이 아니라, 적절한 의료적 조처와 관리를 통해서 일상을 충분히 영위하면서도 결코 질병으로부터 떨어질 수 없는 상태로 살아가야 한다면 과연 어떨까.

만성질환(慢性疾患)이란 말 그대로 오랜 기간을 함께 보내야 하는 질병을 뜻한다. 치료를 통해서 병으로부터 완전히 치유된 상태도, 그렇다고 병으로 인해 삶을 이어나가지 못하고 목숨을 잃거나 혹은 생명을 부지하더라도 의료의 적극적인 개입 하에 간신히 연명만 하는 그런 상태와는 다소 거리가 있다. 병을 가지고 있지만 일상을 영위할 수 있으며, 다소간의 주의만 기울인다면 충분히 남들처럼 살아갈 수 있다. 그러나 반대로 말하면, 다소간의 주의만 소홀히 해도 금세 병의 침습을 받아서 일상으로부터 유리될 수 있는 위태로운 상태이기도 할 것이다.

우리는 흔히 '투병(鬪病)'이라는 표현을 쓰고는 한다. '싸우다[鬪]'라는 표현 그대로 질병과의 적극적인 싸움을 통해 건강을 회복하고자 하는 일련의 과정을 나타내는 것이다. 하지만 만성 질환을 끌어안은 삶이란 반드시 '싸우는' 행위만을 담지는 않는다. 때로는 질병을 이해하고 받아들여야 하고, 때로는 질병이 주는 고난을 견뎌내야 하며, 때로는 잠시 질병은 잊은 채로 아무렇지 않은 듯이 삶의 희로애락을 즐기기도 한다. 그야말로 질병과 함께 걸어가는 일이다.

일상에서 '투병기', 즉 질병과 싸운 사람들의 기억을 찾아내기란 그리 어렵지 않다. 인터넷에서든 각종 대중매체에서든 이런 이야기들은 흔하게 마주할 수 있다. 하지만 막상 질병과 함께하는 삶 그 자체를 기록한 경우는 만나기 쉽지 않다. 누군가의 일생 전반을 함께 기록해 두지 않고서는 질병을 끌어안은 채 나란히 걸어가는 삶의 모습을 관찰할 만한 방법이 드물기 때문이다. 질병과 함께 걸어가는 삶에 대한 이야기란 곧 누군가의 삶 그 자체에 대한 이야기이기도 하다는 점에서, 우리는 오히려 동시대보다는 좀 더 고개를 들어 이전 시대의 사람들을 찾아보는 게 빠를지도 모르겠다.

춘원(春園) 이광수.
출처: https://en.wikipedia.org/wiki/File:Lee_Kwang-su.jpg, Public Domain

여기 한 소설가가 있다. 한국문학에 관심이 별로 없는 사람일지라도 이름을 듣는 순간 아, 하고 고개를 주억거릴 만한 사람이다. 하지만 정작 그가 젊은 시절부터 오랜 지병을 앓았다는 것, 그것도 역시 누구나 탄성을 지를 법한 '유명한' 난치병의 환자였다는 사실까지 알고 있는 사람은 많지 않다. 공교롭게도 그는 이 어려운 질병을 끌어안고서도 자신의 삶이 다할 때까지 생명을 놓치지 않고 붓을 든 채 글을 써 내려 나갔다. 그 와중에 질병으로 인해 뒤틀렸던 삶의 궤적에 대한 기록도 다수 있기에, 이 글에서는 그 편린들을 통해서 질병과 함께 걸어가는 삶의 모습이란 어떤 것이었는지를 살펴보려고 한다.

최초의 근대소설 『무정』의 작가로 유명한 사람, 이광수가 바로 그 주인공이다.

2. 15년을 함께한, 그리고 15년을 함께할 질병

1932년 2월, 『삼천리』라는 잡지에 이광수의 글이 한 꼭지 실린다. 『삼천리』는 당시 대표적인 종합오락교양지로 김동인, 염상섭, 정지용, 나혜석 등 당대 쟁쟁했던 필진들이 참여했던 잡지이다. 이광수 역시 자신의 글을 종종 게재했는데, 이번에 나온 글은 조금 특이했다. 이 글은 다음의 문장으로 시작한다; "나는 의사 백인제(白麟濟) 씨와 아내 영숙(英肅)이가 내 생명을 구해준 교주와 같다고 생각합니다."

대체 무슨 일이 있었던 것일까. 이 문장을 시작으로 이광수는 최근의 근황을 덤덤히 써 내려가기 시작한다. 아내인 허영숙과 의사 백인제가 병으로 인해 죽을 지경까지 갔던 자신을 살려내는 데 큰 도움을 주었다는 것이다. 자칫하면 병균이 척수까지 침투해서 곱사등이가 될 뻔하였으나 자신의 병을 빨리 알아차린 아내와 이를 적극적으로 치료한 백 의사의 덕으로 이광수는 무사히 건강을 되찾은 듯하다.

어떤 병이었길래 그는 목숨이 위태로운 지경에까지 이르렀던 것일까. 이 글의 제목에 명시되어 있다. 「폐병 사생 십오년(肺病 死生 十五年)」. 그를 죽음의 문턱까지 몰아갔던 병은 바로 폐병, 즉 폐결핵이었다. 이는 이광수뿐만이 아니라 당대에 최승구나 나도향, 이상, 김유정 등 각계각층의 예술가들이 앓았던 병이기도 하다. 제목에 포함된 '15년'에서도 엿볼 수 있듯이, 이광수는 꽤 오랜 기간 동안 결핵으로 고생했다. 그에 대한 마지막 기록은 1950년 한국전쟁 당시 인민군에 의해 납북되었다는

1925년 무렵의 허영숙.
출처:《매일신보》 1925년 3월 19일 자

것이고 보면, 실질적으로는 죽는 그 순간까지도 결핵으로 고생했을 것이다.

물론 이광수가 결핵 때문에 내내 병석에 누워서 투병 생활을 이어나갔던 것은 아니다. 오히려 그는 1910년대부터 활발하게 집필 활동을 이어나갔으며, 결핵 증상이 본격화되었던 1920년대 중후반 무렵에도 문필 활동을 멈추지 않았다. 그의 대표작으로 손꼽히는 장편 『무정』이 《매일신보》에 연재되었던 것이 1917년이고 보면, 이광수와 결핵은 떼려 해도 뗄 수 없는 관계가 아닐까 싶어질 정도이다. 그를 한국문학의 대표적인 작가로 자리매김하게 했던 계기를 제공한 『무정』을 발표하던 시기와, 그가 결핵을 앓고 있다는 사실을 처음 깨닫게 되는 시기가 거의 겹치는 까닭이다.

오랜 투병 와중에도 1927년은 그에게 가장 위기의 해였던 것으로 보인다. 이듬해인 1928년 《동아일보》에 연재했던 글 「병창어(病窓語)」 중에서 10월 28일 자의 꼭지에 대해서는 아예 소제목을 '죽음[死]'이라고 달아서 그 해 있었던 일을 덤덤하게 기록해두었다. 이광수는 1927년 한 해 동안 세 번에 걸쳐서 객혈을 했는데, 그중에서도 두 번째였던 9월의 객혈은 특히 위험했다고 술회한다.

그때에는 하루밤 사이에 600g 가량의 피를 토했다. 그 때문에 시력이 감퇴하여 눈앞이 분명하게 보이지 않고 물건들이 괴상한 모양처럼 보여서 마치 꿈 속에 있는 듯하였다. 하루의 대부분을 혼수상태로 보냈기에 일주일 동안 어떻게 보냈는지도 기억하지 못한다. (...) 그 후로도 3주일 가량은 기억력이 감퇴하여 친한 친구의 이름조차도 생각나지 않는 일도 흔했다.

당시 이광수는 자신이 이대로 죽게 되리라고 여겼다. 하긴 저런 상황이라면 누구라도 자신의 죽음을 상상할 것이다. 가장 심했다던 6월의 객혈 직후 《동아일보》에 연재했던 「아프던 이야기」에 따르면, 결핵균이 신장에까지 침투하여 고름 투성이가 되어 버린 까닭에 왼쪽 신장을 제거하는 수술까지 받았다고 한다. 그것도 결핵으로 폐가 약해진 탓에 전신마취에 따른 위험부담을 피하기 위해서 부분마취만 한 상태로 제거 수술을 받았다. 이 「아프던 이야기」에서는 수술 당시의 경험을 생생하게 기록해두고 있는데, 엄청난 고통의 기억을 불과 1개월여 뒤에 연재할 생각을 했던 걸 보면 타고난 소설가이긴 했던 모양이다. 실제로 이때의 경험은 훗날 그의 대표작인 『흙』(1932)에서 정선이 다리 절단 수술을 받는 장면에 대한 재료로 활용되기도 한다.

그래도 이광수에게 한 가지 다행이었던 점은 아내가 의사였다는 사실이다. 당시 이광수의 부인 허영숙은 일본에서 의학전문학교를 졸업했으며, 한국에서는 최초로 자신의 병원을 개원한 여자 의사로 손꼽히기도 했다. 비록 산부인과 전공인지라 남편의 결핵을 직접적으로 다스릴 수는 없었지만, 의사로서의 기본적인 소양 내에서 남편의 병세를 관찰하고 필요한 조처를 가급적 빠른 시간 내에 취할 정도는 되었다. 그의 병세를 가장 먼저 간파하고 의사에게 치료를 받도록 했던 것도 허영숙의 공일 것이다.

그가 아내와 더불어 감사를 표했던 의사 백인제는 오늘날 백병원과 인제대학교의 기원이 된 그 백인제가 맞다. 정확한 기록이 남아 있지는 않지만 전후 상황을 고려하면서 1927년 6월에 이광수의 신장 절제 수술을 집도했던 것이 백인제가 아니었을까 싶다. 백인제는 1924년부터 1928년까지 총독부의원에서 외과의로 근무했기 때문이다. 마취에도 일가견이 있던 백인제인 터라, 국부마취만을 활용한 신장 제거 수술과 같은 고난도의 외과수술은 백인제가 맡았을 가능성이 높겠다. 그러니 이광수 역시 만 사람 다 제쳐 놓고 자신의 아내와 나란히 백인제의

白麟濟氏提出한
博士論文通過
십일에통과뎐보가왓다
【外科主任教授로內定】

총독부의원외과의사(外科醫師) 백린제(白麟濟)씨가동경데대에 박사론문을 데출하얏더니 그교수회로부터 십일 오후세시에통과되엿다는 뎐보가 총독부의원에왓다는바 동백씨는 장차경성의학전문학교(京城醫學專門學校)의 외과주임교수(外科主任教授)가되기로 내뎡되엿다하며 조선인으로서주임이되는것은백씨가효시(嚆矢)가되리라더라 (사진은백린제씨)

1928년 백인제의 박사논문 통과를 알리는 기사.
출처: 《동아일보》 1928년 3월 12일 자

이름을 거론하지 않았겠는가.

죽음의 위기를 타고 넘었기 때문일까. 「폐병 사생 15년」을 연재하던 1932년 무렵에는 이미 결핵으로 인한 죽음의 공포조차 희미해져 있었다. 처음에는 감기처럼 몸이 괴로워지고 기침이 나기에 의사에게 진단을 받았더니 의외로 결핵임을 선고받고 죽음에 대한 두려움을 가지게 되었지만, 정작 시간이 흐르고 해가 지나도 그저 증상만 조금씩 악화될 뿐 나아지는 건 아무것도 없었다. 이처럼 하루하루 조금씩 달라져 가는 증상을 지켜보면서 죽음에 대한 두려움도 희석되고, 이제는 차라리 죽음조차도 예삿일로 생각하게 되었다.

이에 대해 이광수는 다음의 한 문장으로 정리한다; "아마도 병든 내 신경선(神經線)의 심술궂은 장난이 아니었을까." 하지만 그의 15년은 이렇게 간단히 정리될 만한 일은 아닐 것이다. 게다가 이광수와 결핵의 사이는 이 15년으로 마무리될 성격의 것도 아니었다. 허영숙과 백인제의 덕으로 살아났다 하더라도 당장의 합병증에서 벗어났을 뿐, 결핵이 근본적으로 치료가 되었다는 의미는 아니니까. 그에게는 아직도 15년, 혹은 그 이상의 더 오랜 세월이 남아 있었다.

그렇다면 과연 처음 결핵을 발견했던 무렵, 그리고 한편으로는 처음 소설가이자 지식인으로서 사람들에게 널리 알려지기 시작한 이광수는 어떤 마음으로 질병을 바라보고 있었을까. 그가 언급한 '15년'의 첫머리로 돌아가 보자.

3. 결핵이라는 이름의 병마(病魔), 혹은 훈장(勳章)

이광수가 결핵 진단을 받은 것은 1918년의 일이라고 되어 있다. 1918년이면 제1차 세계대전이 막바지로 치달아갈 무렵이다. 당시 이광수는 한국을 떠나서 중국과 연해주, 나아가서는 시베리아 등을 유랑했던 것으로 알려져 있는데, 아마도 이 과정에서 무리를 한 까닭에 결핵을 얻은 듯하다. 물론 그보다 훨씬 이전에 결핵에 걸렸을 가능성도 적지 않지만, 적어도 이광수 자신이 기억하는 결핵 진단 시점은 1918년으로 기록되어 있다.

이 흔적은 다른 곳에서도 발견된다. 당시 최남선이 발행하던 잡지 『청춘』에는 「아관(我觀)」이라 하여 편집자인 최남선 자신의 단상을 적어내려가는 지면이 있었는데, 1918년 4월에 발행된 『청춘』 13호에서는 '병든 벗' 이광수 이야기를 꺼낸다; "춘원(春園)의 오른쪽 폐에 결핵의 조짐이 보였다 하는도다!"

그런데 이광수의 발병 원인을 짚어나가는 최남선의 시선은 자못 새롭다. 물론 북으로는 시베리아, 남으로는 양쯔강에 이르기까지 만리 타역을 떠도는 부평초 같은 신세 때문에 건강을 해한 것이라는 통념을 정면으로 부정하지는 않지만, 최남선은 자신만이 그 '진짜 이유'를 안다면서 이렇게 덧붙인다; "남이 느끼지 못하는 것을 느끼는 게 얼마이며, 남이 깨우치지 못한 것을 깨우친 바는 또 얼마인가. 그리하여 남이 원통해하고 슬퍼하고 근심하고 울지 아니하는 바에 혼자 원통해하고 슬퍼하고 근심하고 우는 것이 무릇 얼마인지를 알 수 없도다." 이러한 남다른 감각의 소유자였기에 결국은 병마에 노출될 수밖에 없었다는 것이다.

이런 시선은 결핵을 소재로 등장시키는 이광수의 다른 소설에서도 관측된다. 「윤광호(尹光浩)」라는 작품이 그중 하나인데, 공교롭게도 위에서 언급한 최남선의 「아관」과 똑같이 『청춘』 통권 13호에 게재되었다. 제목과 동명의 주인공 윤광호는 가난한 편모 가정에서 자라나서 일본 유학까지 성공한 사람이다. 물론 경제적으로는 여전히 궁핍했기에 고학생 신세를 면치 못하지만, 이런 극한의 상황이 나아가서는 그의 건강까지 해치는 상황에 닥치더라도 그는 슬퍼하기는커녕 오히려 이것을 자랑

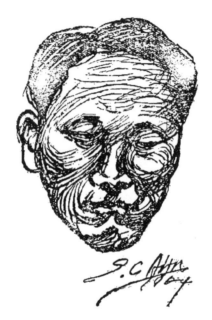

안석주가 그린 이광수.
출처: 《개벽》 제55호, 1925년 1월.

스럽게 여긴다.

> 친구들이,
> "좀 휴식을 하시오, 너무 공부만 해서 건강을 해치면 어쩌오."
> 하고 친절하게 권고한다. 과연 광호의 얼굴은 근래에 현저하게 수척하였다. 자기도 거울을 대하면 이런 줄은 아나 그는 도리어 열심한 공부로 해쓱하여진 용모를 영광으로 알고 혼자 빙긋이 웃었다. (…) 그는 동경 유학생 중에 최고급으로 진보된 학생 중 한 명이라, 몇 년이 지나지 않아 조선 최고급의 인사가 되기는 지극히 쉬운 일이라.

여러모로 이광수 자신에 대한 반영이 엿보이는 이 윤광호라는 인물은 자신의 해쓱한 외모에 대한 나름의 자부심마저 가지고 있다. 자신의 외모는 신체적 연약함의 표상이 아니라, 역으로 그만큼 남보다 학업에 열중한 증거이기 때문이다. 고학생으로서 생계를 유지하면서 동시에 높은 성적을 유지할 수 있었다는 것에 대한 증표가 바로 허약한 신체, 나아가서는 창백한 얼굴이다. 최남선이 언급한 "남보다 뛰어난 감각의 소유자"에 대한 자부심은 이광수 자신이 쓴 소설 속의 인물에게서도 유사하게 나타난다.

실제로 작중의 윤광호는 마지막에 피를 토하는 증상을 보이면서 병원에 입원하게 된다. 작중에서 언급된 병명은 '객혈(喀血)'이라고 되어 있지만, 객혈은 폐나 기관지의 병으로 인해 피를 토하게 되는 증상을 가리키는 말이므로 실제로는 폐결핵에 걸렸다고 봐야 할 것이다. 게다가 윤광호는 퇴원한 뒤에도 광증을 일으켜서 길거리를 헤매는 처지가 되는데, 신경쇠약과 결핵을 서로 인접한 질병으로 여겼던 당시의 풍토를 감안하더라도 윤광호가 앓은 병이 결핵임을 짐작하기란 어렵지 않다.

흥미로운 건 윤광호가 결핵에 걸린 이유다. 의학의 관점에서 본다면 고학생 신분으로 타지에서 고생하면서 불량한 위생이나 영양 상태에 노출되었을 게 뻔하니 결핵균에 감염되어 발병하더라도 딱히 이상할 일도 아니다. 하지만 소설이 설정한 발병의 원인은 따로 있다. 바로 실연이다. 원래부터 병약했던 윤광호가 실연을 겪은 뒤 그 충격으로 인해 피를 토하고 입원하게 되었다는 것이다.

이 무렵만 해도 이광수에게 결핵이란 병은 꽤나 낭만적인 것, 즉 감수성이 예민하고 예술에 대한 감각이 뛰어난 청년에게 발견되는 병 정도였다. 심지어는 같은 시기 일본에서 유학했던 최승구(崔承九)가 결핵으로 요절하는 상황을 겪으면서도 저런 시선에서 크게 벗어나지 않았다. 사실 이건 이광수만의 감각이 아니라, 당시 서구 낭만주의의 영향을 적잖이 받았던 일본 유학생들 사이에서는 공통적으로 적용되던 감각이기는 했다. 천재 시인으로 촉망받던 최승구가 결핵으로 요절한게 그와 같은 맥락으로 해석되었던 것도 마찬가지였다. 어쩌면 1918년 무렵 결핵 진단을 받을 당시까지만 해도, 이광수는 자신의 병 역시 이러한 맥락 하에 놓인 것으로 받아들이면서 한편으로는 적잖은 자부심을 느꼈던 것인지도 모르겠다.

하지만 낭만은 낭만이요 병은 병일 뿐. 낭만주의 소설 속에서의 결핵이란 창백하고 가녀린 청년의 불타는 연애에 대한 상징이었겠지만, 현실 속에서의 결핵이란 그저 고통스럽고, 두렵고, 쉬 떨칠 수 없는 병마(病魔)에 지나지 않았다. 이광수 역시 결핵을 낭만화할 수 있었던 시기는 「윤광호」와 같은 소설을 집필했던 1910년대 후반 무렵의 잠시간에 불과했다. 허영숙과의 재혼을 거쳐 아이를 낳고, 그 과정에서도 1927년 가을의 그것과 같은 몇 번인가의 위기를 거치면서 결핵에 대한 그의 감각은 큰 폭으로 변해간다. 그 자신의 병 때문이라도 그러할진대, 하

물며 아이의 병 앞에서는 그 감각의 낙폭이란 더욱 커다란 것
일 수밖에 없었다.

4. 병든 개인, 병들 수 없는 가장, 병을 돌봐야 하는 아버지

　이광수의 아픔은 비단 자신의 결핵에만 국한되지는 않았다.
결핵은 차라리 그가 평생 끌어안고 살아가야 하는 반갑지 않은
동반자 정도라고 여기면 그럭저럭 견딜 수 있었을는지도 모른
다. 그러나 이광수는 허영숙과 가정을 꾸렸고, 아이를 낳으면
서 부모가 되었다. 혼자서 병을 끌어안은 채 살아가면 그만인
삶이 아니다. 가장으로서, 아버지로서 살아남아야 했고, 자식
을 살려야 했다.
　하지만 이광수의 자녀들은 어려서부터 꽤 병약했던 모양이
다. 그가 남긴 기록 곳곳에서 자녀의 병 때문에 괴로워하는 그
의 내면을 엿볼 수 있다. 자식의 질병은 그에게는 견디기 힘든
고통과 번민을 안겨주었다. 세상의 어느 부모가 안 그러하겠
는가마는, 이광수의 경우에는 자신 역시 질병과 힘겨운 줄다리기
를 이어가야 하는 처지였던지라 아이의 질병을 더 가슴 아프게

받아들였다. 자기가 겪고 있는 고통을 아이도 겪어야 한다고 생각하면 더욱 괴로웠을 것이다.

게다가 이광수는 자신의 병 때문에라도 아이를 가까이 할 수 없는 입장이었다. 결핵이 감염병이라는 건 이광수도 익히 알고 있었다. 그래서 첫 아이가 태어났을 때, 그는 부인과 자식을 피해서 깊은 산사에 홀로 칩거하는 쪽을 택한다. 하지만 그런 자신을 좇아 아내가 갓난아이를 업은 채 산사를 찾아왔을 때, 이광수는 그런 아내를 한편으로는 나무라면서도 다른 한편으로는 그렇게라도 만나게 된 자식을 한없이 반가워하면서 동시에 안타까워하는 자신을 발견한다. 이런 처지였으니 자신의 자식이 질병으로 고통받을 때나, 나아가서는 불의의 사고로 자식을 잃게 되었을 때 이광수는 자신이 끌어안은 결핵에 대한 고뇌로 한없이 침잠할 수밖에 없었을 것이다.

그래서였을까. 이광수는 끊임없이 '업보'를 생각한다. 그는 자신의 질병이 결핵이라는 것도, 그 원인이 원래부터 허약했던 체질에 열악한 환경에서 자신을 혹사시킨 데 있다는 점도 잘 알고 있다. 앞서도 말했지만 아내인 허영숙도 의사요, 이광수 자신도 의학에 전혀 무지했던 사람이 아니다. 그럼에도 오래 아픈 사람은 자신의 병이 어디에서 비롯되었는지에 대해 의학적 지식 너머의 무엇인가를 상상하게 마련이다. 특히 자식까지 병으로 보내야 했던 이광수에게 있어서는 더욱 그러했다.

나는 그때에 아직도 인과의 법칙을 몰랐다. 오늘이 내일의 인이요, 내일이 모레의 인이요, 인 있는 곳에 과가 있고, 과를 볼 때에 반드시 그 인을 찾을 수 있다는 이치를 몰랐다. 내가 오늘 앓는 것도 어저께까지의 내가 지은 업의 보인 줄을 몰랐다. 다만 나로는 헤아릴 수 없는 하나님의 섭리라고만 생각했다.
-「그의 자서전」(1936)

그러나 그의 병이 좀 심해질 때마다 어버이의 가슴은 무거운 바윗돌로 내려누르는 듯하다. 그가 점점 조금씩 쇠약해지는 것을 어버이는 붙잡을 수는 없고 그의 연약한 몸을 파먹는 병균을 어버이의 타는 애로는 어찌할 도리가 없음을 볼 때에 어버이는 오직 무력한 비애만을 느끼는 동시에 자기의 죄를 참회하는 맘이 날카로와질 뿐이다. 남의 집 아이들이 병없이 투실투실하게 자라는 것을 볼 때마다 그 부모는 죄가 없다, 나는 죄가 많다 하고 내 죄의 벌을 대신 받는 듯한 어린이를 보고 미안한 생각이 난다 -「병창어(病窓語)」(1928)

「그의 자서전」은 가상의 인물을 내세운 소설이기는 하지만, 상당 부분은 이광수 자신의 행적을 기반으로 한 것이기도 하다. 특히 주인공이 결핵 진단을 받고 떠올리는 수많은 생각들은 과거 이광수 또한 어떤 과정을 거쳐서 자신의 병을 받아들이게 되었는지를 가늠케 한다. 소설 집필 시점이 1936년임을 감안하면 이미 여러 차례 결핵으로 인한 죽음의 위기와 더불어 자식의 죽음까지도 겪은 뒤로도 적잖은 시일이 지난 시점이다. 자신의 병에 대한 일종의 체념과 더불어 수용의 단계랄까, 그런 덤덤함이 엿보인다.

앞서 대량의 객혈로 인한 위기를 언급했던 《동아일보》 연재 「병창어」에서도 마찬가지다. 이광수는 자신의 병뿐만 아니라 어린 자식의 병에 대해서도 언급한다. 아이는 태어난 지 1년도 채 되지 않아서 홍역은 물론 유행성 감기까지 앓는데, 그럴 때마다 이광수는 "아비 되는 내가 건강치 못한 때문"이라면서 그 책임을 자신에게 돌린다. 부인인 허영숙은 그럴 때마다 먹고 자는 일조차 잊고 아이를 돌보느라 정신없었지만, 이를 지켜보는 이광수는 그렇게 아픈 아이를 한번 안아줄 수조차 없다. 앞서도 말했지만 자신의 결핵이 옮을까 저어했던 까닭이다.

「병창어」의 다른 대목에서 이광수는 문수보살(文殊菩薩)과 유

病窓語

—(1)—

녀름ㅅ밤달

春園

병과 함께 써 내려간 기록, 「병창어」.
출처:《동아일보》1928년 10월 25일 자

마(維摩)의 문답을 언급하면서 병의 출발점에 대한 일단의 고뇌를 털어놓는다. 이광수가 옮긴 유마거사의 말에 따르면, 병에 걸리는 것은 전세(前世)의 번뇌에서 온 것이며 나아가서는 중생의 병듦이 곧 자신의 병듦으로 이어진다고 한다. 그리하여 반연(攀緣), 즉 세속의 인연으로부터 벗어나 자신과 외부 세계 사이의 구분을 버림으로써 늙고 병들어 죽는 문제로 인한 고통을 끊어 내야 한다고 이야기한다. 이 대목에서만큼 이광수는 별다른 해설 없이 문답의 내용을 죽 훑어 내려가는데, 아마도 이러한 문답 속에서 오랜 투병 생활에 대한 자기 나름대로의 해답을 찾으려고 몸부림치고 있었던 것은 아닐까. 그 고뇌가 어떤 결론에 도달했는지는 알 수 없지만, 적어도 「병창어」는 꽤 오랜 시간 동안 《동아일보》에 연재되었다. 그만큼 이광수의 고뇌 역시, 자신의 결핵만큼이나 길고도 깊었던 것이다.

이광수의 결핵 투병 기간은 길었다. 최승구를 비롯하여 수많은 이들이 결핵을 끌어안은 채 그의 곁을 스쳐 지나갔고, 그보다 먼저 먼 길을 떠났다. 결핵은 언젠가 필연처럼 죽음을 불러오는 무서운 병이었지만, 그 필연은 유독 이광수에게는 더디게 찾아왔다. 그 더딤 앞에서 이광수는 무엇을 생각하고 있었을까.

5. 끝내지 못한 한 줄의 여정

결핵은 끊임없이 이광수를 갉아먹고 있었지만, 정작 이광수의 최후는 결핵 때문이 아니었다. 나도향이나 이상 등이 결핵으로 인하여 먼저 세상을 등진 것과 달리, 이광수는 병마(病魔)에 침식되지 않고 살아남았다. 1930년대 중후반 무렵이면 결핵으로 유명했던 다른 문인들은 이미 세상을 떠난 후였지만, 이광수는 1930년대의 격변기를 지나 태평양전쟁으로 이어지는 어두운 시대 내내 자신의 병을 끌어안은 채 글을 쓰고 있었다.

1939년에 발표했던 장편소설 『사랑』은 그러한 이광수 자신의 행적과 희망을 뒤섞은 작품인지도 모른다. 이 소설에서 등장하는 주인공 '안빈'은 의사면서 동시에 결핵을 앓았던 경험이 있다. 그래서 결핵 치료를 위해 사람의 피에 담긴 성분을 연구하는 일에 일생을 바친다. 자신의 부인 역시 결핵으로 인해 죽어 가는 상황에서, 안빈은 치료제 개발을 위한 연구와 더불어 환자를 안정시키기 위한 마음 다스림, 즉 '섭심(攝心)'에 대한 자기수양을 이어나간다. 환자의 병을 다스리는 가장 좋은 방법은 마음을 평안하게 하는 것이요, 의사나 간호사의 역할은 이러한 환자의 마음 다스림을 원활하게 유도하는 데 있다는 것이다.

『사랑』의 첫 장면은 안빈의 진료실을 묘사하는 데에서부터 시작한다. 그의 진료실 벽면에는 오세창(吳世昌)의 낙관이 담긴 액자가 걸려 있는데, 이 액자에는 "병은 마음이 어지러워진 데서 생기는 것이니, 마음이 잡히면 병은 저절로 낫는다[病生於亂心 心攝而病自瘳]"라고 적혀 있다. 질병과 의료를 바라보는 『사랑』의 주제의식과도 밀접하게 연관된 이 액자의 글귀는, 생각해 보면 오랜 기간 결핵과 걸어온 이광수 자신이 병을 바라보는 모습과도 연결된 것인지도 모르겠다.

이광수는 자신의 병으로 인하여 오랜 시간 고통받았고, 몇 차례 죽음의 문턱을 넘나들기도 했다. 그 와중에 자신의 자녀 또한 앓는 과정을 지켜보았고, 심지어는 불의의 사고로 아들을 잃기도 했다. 그렇게 고통과 아픔을 넘나들면서 조금씩 나이를 먹어 갔고, 어느덧 이제는 자신의 아내조차도 조금씩 나이듦과 더불어 이런저런 질병을 끌어안고 살아가는 모습을 목격하는 지경에 이른다.

잡지 『문장』에 게재했던 소설 「난제오(亂啼鳥)」에서 언뜻 이런 경험의 한 귀퉁이가 엿보인다. 이 소설에서 주인공은 입원한 아내의 간병을 위해 병원을 찾는다. 아내의 병은 "이 세상에서 제일 아픈 병이라는 관절염." 아내는 두 달 가량 거동을 못할 정도이며, 심지어는 남편에게 마약성 진통제 처방을 호소할 정도의 중증이다. 이처럼 중병을 앓으면서 점차 마음이 약해져 가는 아내는 이런 고통이 자신의 죗값을 치르는 것이라고 자탄하다가, 이런 고통에 대해 하나님이나 부처님을 원망하다가, 다시 남편에게 신앙을 가르쳐 달라고 하는 등 점차 마음마저 쇠약해져 간다.

그런데 「난제오」에서 아내는 다름아닌 산부인과 의사요, 경성에 개인병원을 개업하기조차 했던 인물이다. 많은 점에서 이광수의 부인인 허영숙과도 중첩된다. 「난제오」가 다루는 이야기가 과연 어디까지 이광수 본인의 실제 경험담인지는 알 수 없지만, 아마도 오랜 기간 병고에 신음했던 자신과 역시 조금씩 나이가 들어가면서 이런저런 질병을 마주하게 되었던 아내에 대한 경험을 재구성한 결과물이리라. 그리하여 「난제오」의 주인공은 아내가 입원한 병원을 찾기 전에 먼저 안동의 절에 내려가서 부처님께 세배를 드려야겠다는 생각을 품기에 이른다. 부처님 화상 앞에서 고개를 한번 끄덕이기만 해도 큰 공덕이 된다고 믿으면서, 이러한 공덕이 쌓여서 "어린 것들과 아내의 병이 낫기를 바란다"고 말이다.

산 해 와 태 잉

새 끗 한 곳 에 서 ─ 해 산 을 식 힐 것

『산원』이란엇던곳인가?

③ 許英肅產院 許 英 肅

산원이란 무엇인
가 이것은 산파
의사가태모와산모
만을 전문으로취
급하는 열종의병
원이라고할것인데 그것을 병원
이라고아니하고 산원이라고하는
것은까닭이잇습니다 순산이란는
것도 병이아니오 건강한사람의
한일이며 독흥됴일이
아니오
부정한병균이안이오
깃브일이며
인생에서 가장거룩하고 새끗한
일입니다 이러한 거룩하고 새
끗한 진찰실이나 또는 그족에서 일하는직

산원이란 뜻한일을為함을도업고
부정됴업는듯에서 하게하자하는
것이 산원의
본意이되는것입니다
그래서 병원이라고
아니하고 산원이라
고 하는것입니다
산원에서 다른병자들보지안논듯
닭이 여기잇스니 첫재로 병자
롤보지아니하기째문에산원내에는

허영숙이 산부인과 원장이었던 당시의 기고문.
출처:《매일신보》1938년 6월 24일 자

이광수가 만년에 「그의 자서전」(1936)이나 「나」(1947)에서 어린 시절의 경험을 반복해서 소환했던 것은 병든 가족을 바라보던 자신의 시선을 다른 각도에서 투영시킨 결과물이기도 했다. 이 질을 앓는 어린 '나'를 위해 구렁이 껍질이나 면화 꽃 등의 온갖 약을 해먹이는 아버지는 심지어 외조모의 무꾸리를 속으로는 못마땅해하면서 이를 겉으로 드러내지 않기도 한다. 이 모든 게 병약한 '나'를 위한 일이라고 생각했기 때문이다. 그런 아버지의 모습은 고스란히 이광수 자신이 병든 아내나 자식을 바라보는 시선으로 옮겨오는 것이었다. 아니, 아픈 가족을 바라보던 이광수의 시선이 오랫동안 기억 속에 접어두었던 아버지의 모습을 되살려내게끔 만든 셈이다.

이광수는 자신의 결핵 앞에서 처음에는 당혹스러워하고 곧이어 언제 다가올지 모르는 죽음을 두려워했지만, 오히려 몇차례 죽음의 위기를 겪은 후에는 죽음을 관조하는 덤덤한 태도를 드러내기조차 했다. 하지만 가족의 질병 앞에서는 그럴 수 없었다. 아이가 태어날 때에도 그는 자신의 병 때문에 해를 입지 않을까 두려워했고, 아이의 질병 앞에서는 자신의 과오나 업보를 책망했다. 그 무렵에는 이미 그의 결핵을 독보적인 감수성과 지적 활동으로 인한 훈장인 것처럼 걱정과 찬양을 동시에 던졌던 최남선의 언어들은 지워진 상태였다. 대신 그는 오래전 아버지의 기억을 떠올렸고, 세상의 모든 아버지들이 그러하듯 아이의 병 앞에서 뭐라도 해보기 위해 발버둥치는 자신의 모습을 발견하게 된다.

오랜 투병의 끝은 어떠했을까. 우리로서는 알 길이 없다. 1950년 6월, 한국전쟁이 터지고 난 뒤 차마 병든 몸을 이끌고 피난을 갈 수 없어서 서울에 남아 있다가 그대로 인민군에 의해 납북되고 말았기 때문이다. 이후 알려진 바로는 같은 해 10월 사망했다고 한다. 다만 그게 오래 투병해 온 결핵으로 인함이었는지, 혹은 다른 이유 때문인지는 구체적으로 알려지지 않았다. 1918년 무렵 시작해서 30여 년간에 걸쳐서 써 내려온 그의 투병기는 이렇게 미완의 상태로 남아 있다. 하지만 오히려 미완일 수 있었기에, 그 마침표를 찍을 일이 없을 만큼 오랜 시간을 질병과 함께 걸어왔기에 우리는 결핵을 둘러싼 다양한 이야기를 접할 수 있었던 것인지도 모른다. 한 줄씩 적어 내려간 오랜 여정의 마지막 지점에서 과연 그는 무엇을 보았을까. 혹은 무엇을 떠올렸을까. 그 마지막 한 줄을 알 수 없다는 점이 아쉬울 따름이다.

제국주의와 질병 연구의 부정한 동행*

- 1906년 필리핀 인체실험 사고

정세권

경희대학교 인문학연구원 HK+통합의료인문학연구단 HK연구교수

---

* 이 글은 「리처드 스트롱을 통해 살펴본 식민지 필리핀에서의 미국 열대의학 성격」,『한국과학사학회지』 36-3 (2014), 241-268쪽의 내용을 발췌, 수정한 것임을 밝혀둔다.

1. 리처드 스트롱의 열대의학

1906년 11월 16일 필리핀 마닐라의 비리비드(Bilibid) 교도소에 수감된 죄수 24명은 정체를 알 수 없는 주사를 맞았다. 그리고 사흘 만에 2명이 아프기 시작했고, 며칠 뒤 13명이 사망했다. 당시 식민지 필리핀을 관할했던 (미국)총독 스미스는 필리핀인을 포함한 진상조사위원회를 구성했고, 사고 전반에 대해 조사할 총괄위원회(General Committee)와 이 실험의 과학적인 측면을 조사할 기술위원회(Technical Committee)가 활동에 착수했다. 조사가 진행되는 동안 사망한 수감자에 대한 부검이 진행되었고, 이들은 모두 페스트균(*Yersinia pestis*)에 감염되었다는 사실이 드러났다. 실험에 사용된 의문의 약물은 콜레라 백신이었는데, 이것이 페스트균에 오염되어 있었던 것이다.

이 실험을 주도했던 사람은 미국인 의사 리처드 스트롱

(Richard P. Strong, 1872-1948)이었다. 스트롱은 소위 '열대의학의 아버지'라고 칭송받는 영국의 패트릭 맨슨(Patrick Manson, 1844-1922)에 비견될 정도로 미국 열대의학의 틀을 닦았다고 평가받는 인물이다. 미군 해군 소장이자 전직 공중위생국장 에드워드 스티트(Edward R. Stitt)는 1944년 2월 제1회 '리처드 피어슨 스트롱 메달' 수상식에서 자신의 40년 지기인 스트롱을 이렇게 상찬했다.

> 패트릭 맨슨 경과 리처드 스트롱 대령, 이 두 사람은 아주 비슷합니다. 맨슨 경의 [권위를 상징하는] 외투를 두르기에 가장 적합한 사람이 바로 스트롱 대령이라고 말하고 싶습니다.

열대병 중 하나인 사상충증(Filariasis)이 모기에 의해 매개된다는 사실을 밝혀 기생충에 의한 열대병 전염 메커니즘을 규명하고 런던 열대의학대학(London School of Tropical Medicine) 설립을 주도했던 맨슨의 업적에 비해 스트롱이 결코 뒤지지 않는다는 것이었다. 스티트에 따르면, 이질의 원인균 중 한 가지(Shigella flexineri)를 밝혀내고 각기병(beriberi)의 원인을 비타민 B1 결핍이라고 규명했으며, 페스트와 참호열(trench fever)과 같은 질병을 앞장서 연구한 스트롱의 삶은 맨슨과 비교할 만했다. 게다가 스티트는 열대의학에 대한 논문과 책을 집필한 저자, 아프리카와 남미로 과학적 탐험을 떠난 선구자, 끔찍한 질병으로 고통받던 만주와 세르비아 사람들을 구한 연구자, 대학에서 열대의학을 가르친 교육자로서 스트롱을 평가했다. 이처럼 미국 열대의학을 개척한 연구자 스트롱이 필리핀에서 수감자를 대상으로 인체실험을 진행했고, 사망자가 여럿 발생했던 것이다.

하지만 결과적으로 스트롱은 이 사고에 대해 아무런 처벌을 받지 않았다. 오히려 그는 1911년 만주에서 개최된 '국제페페스트컨퍼런스'에 미국 대표로 참여했고, 1913년 하버드 대학교 열대의학과를 만들고 초대 학장으로 재직하면서 승승장구했다. 제1차 세계대전 중 15만여 명의 사망자가 발생한 발진티푸스(typhoid fever) 유행을 막기 위해 여러 국가의 공중보건 전문가들로 구성된 국제위생위원회의 수장을 맡아 세르비아에서 공중보건 활동을 이끌기도 했다. 13명의 사망자가 발생한 인체실험 사고는 스트롱의 경력에 아무런 흠집도 되지 않은 듯했다.

이 글은 1906년 필리핀에서 발생한 인체실험 사고를 추적하면서 제국의 과학자가 식민지에서 펼친 의학 연구의 의미를 살핀다. 식민지에서 진행되는 질병 연구, 그리고 오늘날의 윤리적

[그림1] 리처드 피어슨 스트롱 메달(왼쪽)과 제1회 수상식 장면(오른쪽).
왼쪽이 스트롱, 오른쪽은 스티트.
출처: *Report of the American Foundation for Tropical Medicine, Inc. 1943-1944:
First Award of Richard Pearson Strong Medal* (New York: January 1945).

기준에 따르면 용납되기 어려운 인체실험이 제국-식민지의 정치지형에서 어떻게 전개되는지 이해함으로써, 질병에 대한 의학적 연구와 실행이 그 자체로 독립적이지 않으며 사회문화적인 맥락과 밀접하게 연결됨을 알 수 있다.

2. 식민지와 열대질병 그리고 백신

스트롱이 열대질병을 연구한 것은 존스 홉킨스 의과대학을 졸업하고 전공의 신분으로 존스 홉킨스 병원에 근무하던 때였다. 이미 예일대학교 세필드 과학대학(Yale Sheffield Scientific School)에서 의학교육을 받고 콜레라에 관한 논문을 썼던 스트롱은, 1893년 가을 막 개교한 존스 홉킨스 의과대학의 1회 입학생으로 입학하여 본격적인 실험의학을 공부하고 임상훈련을 받았다. 그리고 1896년 전공의 시절 그는 열대지역에서 많이 발견되는 장분선충(*Strongyloides intestinalis*)을 연구하면서 열대질병에 대한 호기심을 키워 나갔다. 훗날 그는 자신의 동료에게 쓴 편지에서 "불현듯 우리나라에서 열대질병 연구를 전공으로 삼아 헌신한 사람이 없다는 사실을 떠올렸고, 이 분야에 내 생애를 바치기로 결심했다"고 회고했다(Pier, 1950; Anderson, 1999).

스트롱이 열대의학을 전공하기로 결심한 당시는 미국이 열대지역으로 새롭게 진출하면서 열대질병을 이해하고 통제할 필요가 급증하던 시기였다. 1893년 하와이를 합병하고 1898년 스페인과의 전쟁에서 승리한 후 미국은 스페인령이었던 쿠바, 필리핀, 푸에르토리코를 관할하게 되었고, 이들 지역에 진출함으로써 미국의 의학 및 공중보건 전문가들은 열대질병을 이해하기 위해 애썼다. 식민지 쟁탈 시기의 유럽의 나라들이 그러했듯이 미국 역시 열대의 낯선 질병이 외국으로부터 들어오는 것을 경계했으며, 또한 낯선 열대 식민지에 진출하기 위해 그곳의 열대질병을 이해하고 통제할 필요가 절실했던 것이다(Barde, 2003).

대외 팽창 초창기에 가장 먼저 열대를 접하고 그곳에 안전하게 정착할 필요가 있었던 집단은 군대였고, 따라서 미국의 열대질병 연구는 군대 내 의학전문가들에 의해 주도적으로 이루어졌다. 대표적으로는 미국 최초의 세균학자라고 거론되는 조지 스턴버그(Geroge M. Sternberg, 1838-1915), 황열병의 감염 기작을 밝힌 월터 리드(Walter Reed, 1851-1902) 등이 미 육군의 열대질병 연구를 주도한 인물이다. 내전 당시 군의관으로 복무하면서 군

G.L.Hunner E.L.Opie C.R.Bardeen F.A.Lupton T.R.Brown O.B.Pancoast C.A.Penrose L.V.Day
J.L.Nichols J.F.Mitchell R.P.Strong W.H.Welch L.P.Hamburger I.P.Lyon W.V.McCullen
W.G.MacCallum   C.N.McBryde   W.S.Davis

FIRST HOPKINS CLASS--1897

[그림2] 존스 홉킨스 의과대학 1회 졸업생 사진. 스트롱은 두 번째 줄 왼쪽으로부터
세 번째.
출처: http://www.hopkinsmedicine.org/som/alumni/news/history.html

진의학(military medicine)을 시작한 스턴버그는 본인이 직접 장티
푸스와 황열병을 겪으면서 군대의 공중보건을 개선해야 한다
는 필요성을 느꼈고, 1893년 중령으로 승진한 이후 육군의학교
(U.S. Army Medical School)를 설립하여 체계적인 의학교육을 추진
했다. 육군의학교 설립 당시 교수진으로 참여한 사람이 리드였
다. 1870년 뉴욕 의과대학에서 학위를 받은 리드는, 뉴욕 공중
보건위원회 조사관 및 미 육군 군의관으로 근무하다가 1893년
스턴버그의 육군의학교에 합류했다. 이들은 육군의학교에서
군대의 위생환경을 개선하고 장티푸스를 비롯한 질병의 원인
균을 확인하는 실험적 기법과 엑스레이 사용법 등 최신 의학을
가르쳤다(Kober, 1912; Bean, 1977).

　미서전쟁 발발 이후 스턴버그는 열대지역에 주둔해 있던 미
육군들의 공중위생 여건을 전면적으로 조사할 '장티푸스 위원
회'를 1898년 8월 조직했다. 당시 미국 본토와 필리핀, 그리고
중남미 지역에 주둔하고 있던 미 육군의 질병 사망률이 매우
높았으며, 그중 장티푸스로 인한 사망이 전체 80%를 넘었기 때
문이었다. 스턴버그는 미군 주둔지의 위생 상황과 장티푸스 발
병 현황, 원인을 조사하기 위해 리드와 미시건 대학의 빅터 보
건(Victor C. Vaughan) 등이 참가하는 위원회를 구성했는데, 이 위

원회는 1900년 6월까지 장장 21개월 동안 미군 캠프들을 조사했다. 또한 스턴버그는 1900년 쿠바에서 퍼졌던 황열병의 원인을 규명하고 감염 기작을 밝히기 위한 '황열병위원회'를 조직하고, 그 책임자로 리드를 임명했다. 육군에서 군의관으로 근무하던 윌리엄 고르가스(William Crafford Gorgas, 1854-1920)와 함께 리드는 황열병이 모기에 의해 매개된다는 사실을 인체실험으로 증명했고, 이 성과는 이후 파나마 운하 건설을 비롯하여 미국이 해외로 진출할 때 결정적으로 기여한 과학적 성과로 인정받았다(Cirillo, 1999: Stepan, 1978; 박진빈, 2010).

이런 상황에서 1897년 의과대학을 졸업한 스트롱은 2년 동안 존스 홉킨스 병원에서 근무한 뒤, 1899년 미 육군 대위 및 군의관의 자격으로 필리핀에 파견되었다. 필리핀에 도착하자마자 그는 육군 내부에 병리학 실험실(Pathological Laboratory)을 만들었고, 1901년까지 열대의학 조사위원회(Board for the Investigation of Tropical Medicine)를 이끌었다. 1902년 그는 정부시험소(Bureau of Governmental Laboratories) 소장이던 프리어(Paul C. Freer)의 제안으로 군의관을 그만두고 정부시험소 산하 생물학 실험실의 책임자로 부임했고, 이후 이름을 바꾼 '과학국'(Bureau of Science)의 생물학 실험실을 십여 년 동안 이끌었다.

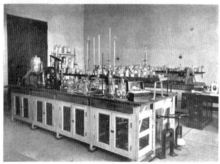

[그림3] 과학국 생물학(왼쪽), 화학 실험실(오른쪽) 내부.
출처: Alvin J. Cox, "The Philippine Bureau of Science,"
Bureau of Science Series Press Bulletin no. 87 (1918),
p.27, 35.

과학국은 특히나 전염병이 유행할 시기에는 이에 대응하는 데 전념했다. 일례로 1905년 인도에서 선페스트(bubonic plague)가 발병하여 백만여 명의 사망자가 발생하자 스트롱을 중심으로 선페스트 연구를 진행했고, 필리핀에서 콜레라가 유행하면 이를 예방할 수 있는 백신을 만들기도 했다. 특히 콜레라는 이미 원인이 되는 병원균이 확인되었기 때문에, 원인이나 전염 기작을 규명하기보다는 실제로 전염병 유행을 억제할 백신을 개발하는 것이 중요했다.

스트롱은 당시 유럽에서 널리 이용되고 있던 두 가지 종류의 백신과는 다른 자신만의 백신을 고안했다. 당시 유행하던 백신 중 하나는 러시아 출신 과학자 하프킨(Waldermar Haffkine, 1860~1930)의 생백신이었다. 하프킨은 39℃에서 독성을 약화시킨 콜레라 균주를 먼저 주입하여 생체 내에서 약간의 면역력을 유도한 후, 자연적인 상태보다 더욱 독성을 강화한 콜레라 균주를 2차로 주입하여 완전한 면역력을 얻는 방식을 고안했다. 하프킨의 백신은, 비록 절차가 번거롭기는 했지만, 1894~1896년 인도에서 콜레라가 창궐했을 때 큰 효과를 보였다. 다른 하나는 베를린 전염병 연구소에서 로버트 코흐(Robert Koch, 1843-1910)를 돕고 있던 빌헬름 콜(Wilhelm Kolle, 1868~1935)의 백신인데,

그는 준비절차가 까다로운 하프킨의 백신 대신, 전체 콜레라균을 열로 처리해 감염력을 약하게 만든(inactivation) 사백신을 개발했다. 콜의 백신은 1902년 일본에서 창궐한 콜레라의 확산을 막는 데 이용되면서 그 효과를 인정받았다(Carpenter, 2010).

스트롱은 하프킨이나 콜의 백신에서 나타나는 부작용에 주목하면서 새로운 백신을 찾으려고 했다. 세균 전체를 이용하는 사백신이나 생백신 모두, 원래 균주의 독성에 따라 차이는 있었지만, 접종 부위에 염증이 생기면서 미열이 발생했고, 스트롱이 보기에 이런 부작용은 '실용적인 백신'으로서 불합격을 의미했다. 백신의 예방효과에 비하면 이런 부작용이 심각한 것은 아닐지 몰라도, 스트롱은 효과는 비슷하면서도 부작용이 없는 백신을 얻을 다른 방법을 고안했다. 그리고 자신이 고안한 새로운 백신의 효능과 부작용을 확인하기 위해 1906년 비리비드 교도소의 수감자를 대상으로 인체실험을 진행했고 사망자가 발생했다.

3. 1906년 백신실험

스트롱이 새롭게 만들려고 했던 콜레라 백신은, 콜레라 균주에서 일부 추출물을 뽑아내 면역력을 유도하는 것이었다. 이 추출물은 동물이나 인체의 혈청 속에서 용균반응과 응집반응을 유도해 콜레라에 대한 면역력을 형성했다.* 콜레라 추출물을 이용한 새로운 백신은, 스트롱에 따르면, 용균력과 응집력이 다른 백신들에 비해 낮지 않았으며, 피하주사로 동물이나 사람에게 접종해도 일반적인 부작용이 나타나지 않았다. 게다가 37℃ 진공상태에서 증발시켜 분말로 만들었다가 물에 녹여 백신으로 이용할 수 있어 매우 실용적이었다.

스트롱의 콜레라 백신 연구에는 1903년 6개월 동안 방문했던 독일 베를린 전염병연구소(Institut für Infecktionskrankheit)에서의 연구 경험이 중요했다. 콜레라 균주로부터 면역 기능을 갖는

---

* 용균반응은 동물의 체액(혈청) 중에 세균을 용해하는 항체가 생기는 현상을 말한다. 응집반응은 용액 속의 분자 등이 서로 달라붙어 뭉치는 현상인데, 항원과 항체 사이에 응집체가 만들어지는 반응이 대표적이다. 용균과 응집은 면역의 기본적인 요소이다.

성분을 추출하자는 아이디어가 그 연구소의 과학자들로부터 나왔기 때문이다. 그곳에서 6개월 동안 머무르면서 스트롱은 콜레라 백신에 대한 아이디어를 얻었고, 실제로 원숭이를 비롯한 실험동물들을 대상으로 실험을 진행했다. 필리핀으로 돌아온 뒤 작성한 여러 편의 콜레라 관련 논문 역시 모두 독일에서 습득한 실험 연구의 경험을 바탕으로 한 것이었다.

스트롱은 자신의 백신이 하프킨이나 다른 이들의 백신보다 여러 가지 측면에서 우수하다고 자부했다. 첫 번째로 다른 백신들처럼 접종 후에 염증이 생기는 국소적인 부작용이 전혀 없었다. 두 번째로 스트롱의 백신은 기존 생백신, 사백신보다 15~30배 가까이 더 많은 양을 접종할 수 있었고, 따라서 더 큰 면역력을 얻을 수 있었다. 마지막으로 스트롱의 백신은 플라스크에 밀봉해 보관하기가 쉬웠고, 최소한 일년 동안 면역 기능을 유지할 수 있었다.

하지만 실제로 콜레라가 창궐했을 때 그 백신이 얼마나 효과를 발휘할지는 미지수였다. 하프킨과 콜의 백신은 인도와 일본에서 콜레라가 유행할 때 대단한 효과를 보이면서 그 성능을 증명했지만, 스트롱의 백신의 효과는 아직 실험실에서 얻은 결과일 뿐이었다.

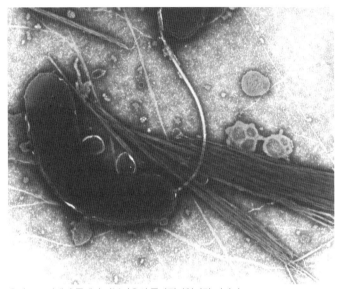

음성으로 염색된 콜레라 비브리오의 투과전자현미경 이미지
출처: https://en.wikipedia.org/wiki/File:Vibrio_cholerae.jpg

방금 언급한 예방약[스트롱의 백신]을 주사하면 인체에서 콜레라 균을 죽일 수 있는 혈청이 많이 만들어지는 것을 알게 되었다. 그러나 아시아 콜레라가 창궐할 때 그런 혈청이 실제로 면역력을 발휘할 수 있을까 의문이 생긴다.

콜레라균이 실제로는 음식이나 식수를 통해 인체에 들어온다면, 실험실에서 피하주사 실험을 통해서만 효능이 증명된 백신은 여전히 그 효과가 불확실했던 것이다. 파스퇴르 연구소에서 백신을 개발한 하프킨이 그 효능을 입증하기 위해 1894년 인도로 향했듯이, 스트롱 역시 실험실 바깥의 큰 무대에서 자신의 백신을 시험해야 했다. 이런 생각은 1903년 여름 독일에서 돌아오는 순간부터 가지고 있었다.

그렇지만 막상 귀국할 당시 창궐했던 콜레라에 대해서 스트롱은 자신의 백신을 시험하지 못했다. 그때까지 수년 동안 필리핀 전역에서 십여만 명이 사망한 콜레라에 대처하기 위해서, 아직 그 효능이 입증되지 않은 백신을 실험할 여유가 없었던 것이다. 스트롱은 콜레라를 예방하기 위해서는 일반적인 조치들, 즉 오염되지 않은 식수를 제공하고 과일 혹은 익히지 않은 음식을 판매하는 것을 제한하거나 환자를 격리하는 조치들만으로는 부족하다고 생각했다. 그렇지만 보건당국은 과학국의 화학 실험실에서 제안한 치료제를 시험적으로 처방하면서 콜레라에 대응하고 있었고, 이런 상황에서 스트롱은 아직 검증되지 않은 자신의 백신 접종을 강력하게 주장할 수는 없었다.

그러는 동안 1906년 베를린에서 열린 의학 모임에서 추출물이 아니라 전체 균주를 사용하는 것이 예방접종으로서 더 바람직하다는 발표가 나왔고, 하프킨도 살아 있는 균주를 사용하면 더 큰 면역력을 얻을 수 있다고 주장했다. 스트롱은 추출물을 이용한 자신의 백신이 하프킨의 생백신보다 더 우수하다는 것을 입증하고 싶었다. 그러나 콜레라가 창궐하지 않은 상황에서 하프킨이 인도에서 했던 것처럼 광범위한 실험 대상을 찾기 어려웠던 스트롱은, 1906년 비리비드 교도소 수감자들을 대상으로 실험을 진행했다. 그런데 이 실험은 자신이 개발한 백신의 효능을 확인하는 것이 아니라, 하프킨의 생백신이 덜 우수하다는 것을 증명하기 위한, 일종의 반증을 위한 실험이었다. 스트롱의 상관이자 동료였던 프리어는 그 내막을 정확히 알고 있었다.

스트롱 박사는 자신의 주장을 완전한 것으로 만들기 위해,

이런 방법으로[하프킨의 방법으로] 접종실험을 몇 번 해 볼 필요가 있었다. 왜냐하면 그는 하프킨의 방법이 실험실에서 이용되는 것보다 우수하지 않다고 확신했고, 분명히 다른 사람들이 [생백신을 이용해야 한다는] 하프킨의 주장이 담긴 문헌을 들고 자신의 연구 결과를 공격할 것이라고 생각했기 때문이다.

이를 위해 스트롱은 하프킨의 방식대로 생백신을 배양했다. 생백신은 배양 후 24시간이 지나야만 이용할 수 있었는데, 그시간 동안 효소가 만들어지고 독성이 약화되어 백신으로 사용할 수 있었기 때문이었다. 24시간 동안 배양한 백신은 매번 사용 전에 오염 여부를 검사해야 했다. 이런 과정을 거쳐 스트롱은 11월 16일 이전부터 수감자들을 대상으로 실험을 진행했고, 그동안에는 아무런 사고가 없었다. 그렇지만 11월 16일 24명의 수감자를 대상으로 하프킨의 생백신을 주사했는데, 사흘 만에 2명이 아프기 시작했고 며칠 뒤 13명이 사망했다.

이 사건을 조사하기 위해 구성된 진상조사위원회는 두 가지를 주목했다. 첫 번째는 스트롱의 콜레라 백신이 페스트균에 오염된 경로였다. 추정할 수 있는 원인은 두 가지였는데, 하나는 스트롱의 과실 혹은 고의였고 다른 하나는 외부 인물의 소행이었다. 첫 번째 가능성은 조사위원회의 심문에 응한 스트롱의 답변과 조사 결과에 의거하여 기각되었다. 페스트균을 담은 시험관 표면에 표시해 둔 ×마크가 흐릿하게 지워져 있었다는 점, 콜레라 백신을 담은 시험관 표면에 페스트균이 약간 묻어 있었는데 이를 육안으로 확인하기 힘들었다는 점, 오염된 콜레라 백신은 현미경으로도 오염 여부를 확인하기 어렵다는 점 등이 참작되었다.

외부 인물의 소행일 수도 있다는 의심은 스트롱의 결백을 더욱 지지해 주었다. 그는 백신을 접종하던 당일 오전 시카고에서 온 네덜란드 의사가 자신의 실험실을 방문했다고 진술했다. 이 신원 불명의 의사는 백신을 준비하는 과정을 구경하면서 스트롱에게 관련된 연구 논문을 복사해 달라고 부탁했다. 사건 직후 프리어는 분명 그 시카고 의사가 콜레라 선반에 페스트 시험관을 두었을 것이라고 의심했고, 비록 그가 누구인지 밝히지는 못했지만 조사위원회는 이 의심을 받아들였다.

진상조사위원회가 주목한 두 번째 사안은 스트롱의 백신이 누구의 허가를 얻었는가 하는 문제였다. 과학국장이었던 프리어는 사고가 난 사흘 뒤인 11월 19일 처음 실험에 대한 소식을 들었다. 스트롱은 위생국장이던 하이저(Victor Heiser)에게도 알리지 않았고 비리비드 교도소 위생과장이던 에드윈 새턱(Edwin Shattuck)에게만 문의한 뒤 실험을 진행했다. 진상조사위원회는 스트롱이 이처럼 무단으로 실험을 감행한 사유에 대해서, 과거에 받았던 행정명령을 남용한 것이라고 결론 내렸다. 1904년 스트롱은 당시 총독이던 라이트(Luke E. Wright)로부터 비리비드 교도소 수감자에 대해 실험을 할 수 있는 허가를 얻었는데, 당시 실험의 목적은 예방적인 차원의 과학적 연구가 아니라 수감자들 사이에서 유행하던 질병에 대한 조사였다. 당시 스트롱은 수감자의 피부 궤양을 조사한다는 명분으로 이런 권한을 부여받았는데, 진상조사위원회는 스트롱이 이 권한을 다시 남용해서 콜레라나 페스트가 유행하지도 않은 1906년에 무단으로 실험을 진행한 것이라고 판단했다. 그리고 '세균이 들어 있는 배양기를 잠그지 않는 점, 그런 상태에서 외부 의사를 실험실에 혼자 두었다는 점'까지 포함하여 '직무유기'라고 결론 내렸다. 그렇지만 필리핀 법무장관은 직무유기 혐의에 대해 무죄 판결했고, 총독 스미스는 이를 받아들였다. 공식적으로 스트롱은 아무런 처벌도 받지 않은 것이다.

4. 식민지 정치학

1906년 사고는 결과적으로 스트롱에게도 그리고 필리핀 민간정부나 미국에게도 큰 문제가 되지 않았다. 스트롱은 아무런 처벌도 받지 않았을 뿐 아니라, 과학국 생물학 실험실 수장의 지위를 유지하면서 이듬해 새로 설립된 필리핀대학교 열대의학 교수가 되었다. 그리고 1911년 만주에서 열린 국제폐페스트 컨퍼런스에 미국 대표로 참여할 정도로 명성을 얻었다. 이처럼 13명이 사망한 사고에 아무런 처벌이 뒤따르지 않은 것은, 당시 미국 식민지로서 필리핀의 특수한 맥락 때문이었다. 즉 실험실 외곽에서 이루어진 과학 연구 혹은 이에 따른 사고는 식민지라는 사회적 맥락과 얽혀 있었던 것이다. 이는 1902년 영국령 인도에서 일어난 하프킨 인체실험 사고와 비교해 보면 더욱 두드러졌다. 영국과 식민지 인도의 경우 식민지 업무를 담당하는 정부 관료들과 의학 전문가들 사이에 복잡한 갈등이 있었던 반면, 식민지 필리핀에서는 공통의 목표와 암묵적인 합의 아래 양자의 관계가 돈독했던 것이다.

인도에서 발생한 하프킨의 인체실험 사고 개요는 다음과 같다. 1894년 파스퇴르 연구소를 떠나 인도에 자리를 잡은 하프킨은 1902년 10월 30일 펀자브(Punjab) 주의 물코왈(Mulkowal) 교도소 수감자 107명에게 페스트에 대항할 생백신을 주입하는 실험을 진행했다. 6일 뒤 접종받은 107명 중 19명이 파상풍 증세를 보인 뒤 사망했는데, 인도 정부는 이 사고를 조사할 위원회를 구성하여 보고서를 발표했다. 보고서에 따르면, 하프킨이 봄베이의 실험실에서 백신을 대량으로 생산하기 위해 파상풍을 막는 데 필요한 석탄산(carbolic acid)을 첨가하는 공정을 생략하여 사고가 일어난 것이라고 결론 내렸다. 물코왈 교도소로 운반하기 이전에 이미 백신이 파상풍균에 오염되어 있었기 때문에 전적으로 하프킨의 잘못이라는 것이었고, 이를 계기로 하프킨은 해임되었다. 그렇지만 그는 수년 동안 자신의 결백을 주장하면서 국내외 동료 과학자들의 지지를 모았고, 결국 1906년 이 사건에 대한 재조사가 진행되었다. 그 결과 두 가지 새로운 사실이 밝혀졌다. 첫 번째는 파상풍균은 그 자체로 대단한 악취를 가지고 있는데, 실험 당시 물코왈 교도소에서 백신 마개를 열었을 때 아무런 악취도 나지 않았다는 것이다. 이 사실에 비추어 보면 백신은 봄베이에서 제작할 당시 오염된 것이 아니었다. 두 번째로 물코왈 교도소에서 실험을 돕던 인도인 조수가 핀셋을 땅에 떨어뜨렸는데, 열로 소독하지 않고 이

핀셋으로 백신 마개를 뽑았다는 진술이었다. 이는 오염된 핀셋 때문에 백신에 파상풍균이 들어갔을 것이라는 추정을 가능하게 했다. 이 두 가지의 새로운 사실이 밝혀지면서 하프킨은 4년 동안의 유배 생활을 마치고 다시 인도로 돌아올 수 있었다(Hagwood, 2007).

하프킨이 잘못된 조사 결과에 의해 4년 동안 연구를 할 수 없었던 데에는, 당시 영국 및 식민지 인도의 관료들과 의사들 사이의 불편한 관계가 한몫을 했다. 19세기 중반 이후 영국에서는 사회적 신분 상승을 꾀하는 젊은 의사들, 특히 스코틀랜드나 아일랜드 출신의 젊은 의사들이 늘어나면서 직업적 경쟁이 치열해졌고, 이런 상황을 타개할 하나의 돌파구로서 해외 열대 식민지로 진출하는 경우가 빈번했다. 스코틀랜드 출신으로 중국 아모이(Amoi)에서 세관 검역원으로 근무하면서 사상충병을 연구한 패트릭 맨슨이 대표적인 경우였다. 이는 곧 전통적으로 직업적 자율성을 중시해 왔던 의사들이 본국이나 식민지의 관료들과 직접 부딪히게 된다는 것을 의미했다. 일례로 본국에서는 1899년 런던 열대의학대학이 설립될 당시 식민지로 파견될 의사들의 선발과 교육을 둘러싸고 식민지 담당 관료들과 의학 전문가들이 충돌하기도 했고, 식민지에서도 의사들의 생계 및 의료 연구 지원을 둘러싸고 비슷한 갈등이 일어났던 것이다 (Haynes, 1996).

하프킨의 실험사고가 터진 1902년에도 페스트에 어떻게 대처할지에 대해 정부와 민간의 관료 및 의학 전문가들은 서로 다른 의견을 보였다. 전통적으로 인도 의무성(Indian Medical Service)과 육군의무단(Army Medical Service)의 군 출신 의학전문가들이나 인도 행정자치부(Indian Civil Service)의 관료들은 독기설에 의거하여 실험실 연구보다는 검역과 강제 격리 등 공중보건 활동에 주력했고, 하프킨처럼 최신 세균학 지식을 갖춘 민간의 경쟁자들을 경계했다. 이들은 쥐에 의해 페스트가 전파된다는 이론이나 하프킨의 백신 연구를 무시했고, 연구에 필요한 자원을 조달해 주는 데 미온적이었다. 그 와중에 19명의 인명사고가 발생했을 때 하프킨은 자신을 지지해 줄 조력자를 인도에서 찾을 수 없었다.

하프킨에 비해 스트롱의 인체실험 사고가 비교적 관대하게 마무리된 데에는, 그가 필리핀 관료와 돈독한 사이였다는 사실, 실험사고가 필리핀인들을 구제하려는 가치 있는 활동에서 비롯된 안타까운 불행 정도로 간주되었다는 점이 중요했다. 이런 인식들은 당시 정부 보고서나 언론의 기사에서 여과 없이 드러난다. 미국 필리핀위원회(U. S. Philippine Commission)는 1908년 연 례보고서에서 이 사건과 관련해 다음과 같이 언급했다.

비리비드 교도소에서 페스트 환자가 발생한 것은 스트롱 박 사가 만든 콜레라 예방약 접종 때문인데, 이 예방약은 신원불명 의 누군가가 명백한 범죄 의도를 가지고 사전에 페스트균으로 오염시킨 균주였다. 이 접종 결과 24명에게서 페스트가 발병했 고 14명이 사망했다. … 이들 위원회[필리핀 정부가 구성한 총괄위원회와 기 술위원회]는 스트롱 박사에게 이번 사건의 책임이 있는지 결정하 는 데 도움이 될 보고서를 법무장관에게 제출했다. 스트롱 박 사는 모든 혐의에 대해 무죄 판결을 받았는데, 이는 곧 그가 아 주 세심하게 혈청을 준비했다는 사실을 증명하는 것이었다. 또 한 앞서 언급한 미지의 인물이 취한 행동에 대해 스트롱 박사가 일말의 책임도 없음을 말해주는 것이었다. 3,500명의 필리핀인 들이 수감되어 있는 북적대는 시설에 질병이 침투했지만, 질병 에 걸린 사람은 오염된 균주를 접종받은 극소수에 불과했다. 이 는 곧 정반대의 상황이었다면 엄청나게 확산되었을 페스트를 막는 데 있어 근대적 위생과학의 성과를 확실하게 보여주는 것 이었다.

사고 이튿날 《워싱턴 포스트》(*Washington Post*)는 이 사고가 필리핀에서 일상적으로 진행되던 매우 가치 있는 과학 연구에서 비롯된 사소한 불행일 뿐이라는 논조의 기사를 내보냈다. 기사에 따르면 선페스트균에 오염된 백신을 접종 받은 24명 중 "10명이 사망했으며," 이 백신은 이미 스페인에서도 상당한 효과를 보여 이미 그 유용성이 증명되었을 뿐 아니라 필리핀에서도 예전부터 사용되었다는 요지였다. 이 기사는 사망자 숫자를 축소했을 뿐 아니라, 하프킨의 백신을 반대했던 스트롱의 연구를 잘못 이해한 오보이기도 했다. 실험에 이용된 하프킨 생백신이 스페인의 과학자 페랑(Jaime Ferran y Clua, 1852-1929)의 것과 같은 원리이고 페랑의 백신이 스페인에서 큰 효과를 보인 것은 사실이지만, 필리핀에서는 하프킨의 생백신이 실제로 콜레라 예방을 위해 이용되지는 않았기 때문이다. 《뉴욕 타임즈》(*New York Times*)는 1906년 사고에 대해 아무도 책임이 없다면서, 유가족들에게 "아낌없는 구호물자"(liberal provision)를 제공하고 이런 사고의 재발을 막을 조치를 취하라고 권고한 조사위원회의 결론을 인용했을 뿐이었다. 필리핀에서나 미국 본토에서나 스트롱의 실험과 인명사고는 필리핀인들을 위한 선한 행위에서 발생한 불의의 사고일 뿐이었다.

이런 인식은 조사위원회가 주목한 두 번째 혐의 즉 '피실험자의 동의를 받지 못했다'는 명백한 과실에 대한 무죄 판결에도 녹아 있었다. 첫 번째 혐의인 스트롱의 고의 여부에 대해서는 충분한 증거를 찾지 못했다 하더라도, 확실한 과실로 판정된 피실험자의 동의 문제조차 아무런 처벌 없이 넘어간 것이다. 이는 콜레라 예방이라는 대의적 명분이나 실험실 의학에 대한 무조건적 믿음 탓이라기보다는, 실험 대상인 필리핀인 혹은 필리핀을 바라보는 제국주의적 시선과 관련되었다. 즉 필리핀인을 과학적인 실행과 담론 혹은 정치적 기획을 통해 계몽해야 할 대상으로 여겼을 뿐 아니라, 그들의 신체에 대한 실험에 대해서조차 동의를 받을 필요가 없는 객체로 간주했던 것이다.

미국의 역사를 돌아볼 때 이런 인식들이 낯설지는 않은데, 이미 아메리카 원주민에 대한 정책에서 그 전례를 확인할 수 있기 때문이다. 미국 정부는 19세기 중반 아메리카 원주민의 자치구역을 '내정적 의미에서 종속적인 국가'(domestic dependent nations)로 규정하면서 원주민 자치정부 및 그들의 시민권을 부정했던 것이다. '내정적 의미에서 종속적'이라 함은, 국제적인 외교 관계에서는 원주민 자치구역이 미국의 영토에 복속되어 있지만, 국내적인 의미에서 보면 이 지역이 외국이라는 의미였다. 이는 곧 아메리카 원주민들이 국제적으로는 미국에 종속되어 있지만 국내적으로는 미국 시민권자가 아니라는 뜻이었다. 미국인으로서의 권리가 없다는 것은 미국 독립선언서에 명시된 것과 달리 피통치자의 동의 없이도 미국 정부가 이들을 정당하게 통치할 수 있다는 의미였다.

이런 논리는 필리핀에 대해서도 그대로 적용되었다. 필리핀인들에게 시민권을 부여할지 여부에 대해 미국 정부와 의회는 아메리카 원주민의 선례를 거론했다. 그리고 1899년 파리조약 체결 이후 곧바로 미국 상하원은 그 조약의 의미에 대해 다음과 같은 결의안을 발표했다.

미국 상하원은 다음의 사항을 의결한다. 스페인과의 평화조약[파리조약] 비준에는 필리핀 거주민들을 미국의 시민으로 받아들인다는 의도는 없으며, 더군다나 미국 영토의 일부로 이 섬을 합병하려는 의도도 없다. 오히려 이번 조약 비준은 이 섬의 주민들이 스스로 통치할 준비를 할 수 있도록 제반 조건에 적합한 정부를 미국이 수립한다는 의미이며, 조만간 미국과 필리핀의 최대 권익을 최대로 증진시킬 수 있도록 만반의 준비를 한다는 것이다.

미국 시민으로서의 권리를 획득하지 못한 필리핀인들은, 아메리카 원주민과 마찬가지로 미국의 통치에 대해 동의할 자격을 갖추지 못한 존재였다. 결국 독립선언서에 명시된 피통치자의 동의란 서로 동등하다고 여기는 백인들 사이의 동의였고, 유색인종인 아메리카 원주민이나 필리핀인들은 그 동의의 주체가 될 수 없었다(밀스, 2006).

1906년 인체실험 사고는, 필리핀인들이 정치적 행위에 대해서뿐만 아니라 실험 대상으로 참여하는 실험에 대해서도 동의할 권리를 부여받지 못했다는 사실을 보여주었다. 스트롱의 고의였든 아니면 절차상 실수였든, 비리비드 교도소의 필리핀인들은 실험상 위험에 대해 고지를 받지도, 이에 대해 동의하는 절차를 거치지도 않고 실험에 참여했던 것이다. 오히려 스트롱이 허가를 받거나 협조를 구해야 했던 사람은 백인 관료들이었으며, 비리비드 수감자들은 비자발적으로 동원된 대상일 뿐이었다.

비리비드 교도소에서 진행된 인체실험은 실험실 내부에서 완결되지 못한 백신 연구를 위한 것이었지만, 하프킨 백신의 효능을 검증하려던 애초의 목적은 달성되지 않았고 오히려 실험의 불확실성만 드러났다. 실험이 진행된 비리비드 교도소는 과학자가 완전히 통제할 수 없는 정치적 공간이었고, 그로 인해 스트롱의 백신 실험 역시 식민지의 정치적 자장 속에서 진행되었다. 그 자체로 불확실한 백신 실험은 식민지 필리핀에서 또 다른 보호막을 두르고 있던 셈이다.

2부 치료에서 돌봄으로

같은 듯 다른 의료기술의 역사*
- 콘택트렌즈, 라식 그리고 드림렌즈

정세권

경희대학교 인문학연구원 HK+통합의료인문학연구단 HK연구교수

* 이 글은 「콘택트렌즈에서 '드림렌즈'까지: 시력교정기술의 문화사」, 『의사학』 32-1 (2023), 81-111쪽의 내용을 발췌, 수정한 것임을 밝혀둔다.

1. 드림렌즈를 아십니까?

저녁 10시 30분.

세척액 한 방울을 렌즈에 떨어뜨려 20회 정도 부드럽게 문지른 후,

생수로 5분 동안 깨끗하게 세척한다.

아이의 눈에 렌즈를 착용한 뒤 잠자리에 든다.

다음날 오전 7시 30분.

아이의 눈에서 렌즈를 빼고 전날 저녁과 똑같은 방식으로 세척한다.

보존액에 넣어 저녁 착용 전까지 보존한다.

일주일에 하루 단백질 제거제에 1시간 정도 넣어 두었다가 깨끗하게 세척한다.

드림렌즈를 착용하는 어린아이 혹은 그 부모라면 매일 겪는 일상이다. 일주일에 하루 정도는 렌즈를 착용하지 않아도 무방하지만, 이런 일상은 보통 수년 동안 반복된다. 가끔 렌즈가 깨지거나 분실되면, 한쪽 렌즈당 수십만 원을 지불하고 새로 맞춰야 한다. 파손, 분실되지 않아도 보통 3~4년이 지나면 새 렌즈로 교체할 것을 권유받는다. 수년 동안 렌즈를 착용한 이후에는 안경이나 콘택트렌즈를 다시 이용할 수도 있다. 성인도 사용할 수 있지만, 보통은 안구가 급격하게 커져 근시가 빠르게 진행되는 성장기 어린이들이 많이 이용한다. 이 시기에는 안경을 쓰더라도 시력이 나빠지는 것 자체를 막기 어려울 수도 있고 그렇다면 더 높은 도수의 안경으로 계속 바꿔야 하는데, 드림렌즈는 수년 동안 일정한 시력을 계속 유지할 수 있도록 도와주기 때문이다. 성장기가 지나고 더 이상 근시가 심각하게 진행되지 않을 것으로 판단되면, 안경을 쓰거나 라식, 라섹을 받게 된다.

드림렌즈의 정식 명칭은 Orthokeratological lens(줄여서 Ortho-K lens)이며 각막굴절교정렌즈, 각막교정렌즈 등으로 부르거나 간단히 OK 렌즈라고도 한다. 각막굴절교정술(Orthokeratology)은 라식이나 라섹처럼 각막을 깎아서 시력을 회복하는 수술(각막절제술)보다 훨씬 간단하게, 특수 제작된 콘택트렌즈로 각막의 중심을 눌러주어 일시적으로 근시와 난시를 교정하는 기술이다. 드림렌즈의 원리 즉 각막 자체에 힘을 가해 시력을 교정할 수 있다는 아이디어는 1950년대부터 알려지기 시작했고, '초점굴절교정'(orthofocus)이라는 용어로 학술논문이 제출된 것은 1962년이었다. 이후 각막굴절교정술이라는 이름으로 정착되면서 렌즈의 디자인과 재질, 제작기술이 꾸준하게 발전해 왔다(최진석, 2017).

우리나라에 OK 렌즈가 들어온 것은 1990년대 초반이었다. 시력을 교정하기 위해 예전부터 사용되어 온 안경 외에 1950년대 후반 새로운 기술인 콘택트렌즈가 국내에 소개되었고, 1970년대 후반부터는 수술적 요법이 도입되었다. 방사상각막절개술과 엑시머레이저 수술 그리고 우리에게 익숙한 라식술 등이 순차적으로 소개되었고, 1994년에 각막 곡선을 완만하게 눌러주어 시력 저하를 막아줄 수 있다는 OK 렌즈가 들어온 것이다. 그리고 수년 뒤 '드림렌즈'라는 별칭으로 3세대 OK 렌즈가 소개되었다. 초창기 1, 2세대 OK 렌즈를 착용했을 때 간간이 생겼던 각막저산소증이나 각막염 등의 부작용을 줄이고, 안구 마사지 기능을 강화한 신제품이었다. 당시 신문 기사를 보면 드림렌즈는 특히나 근시가 계속 진행 중이라 라식 수술을 받을 수 없는 '20세 이하의 학생이나 어린이'에게 더 유용할 것으로 묘사되었다. 그리고 20여 년이 지난 지금도 신문 기사나 안과 홍보물을 보면 비슷한 연령대의 어린이에게 특히나 도움이 된다고 소개되고 있다.

안경 이래 다양한 시력교정기술의 역사에 대한 연구는 그리 많지 않다. 그러나 최근 들어 의료 현장에서 검사, 진단, 치료하는 데 사용되는 여러 의료기술에 관한 학술적인 연구가 발표되었고, 이들 연구의 시각을 참고하여 시력교정기술의 역사 및 최신 각막굴절교정술의 도입 과정을 살펴볼 수 있다. 이 글은 1950년대 콘택트렌즈부터 '드림렌즈'로 불리는 각막굴절교정술이 1990년대 후반에 도입될 때까지 안경 이후 시력을 교정하는 새로운 의료기술이 우리 사회에 어떻게 도입되고, 변천해 왔는지를 신문 기사 및 관련 자료를 통해 추적한다. 다만 시력교정기술의 통사(通史)는 아니며, 오래전부터 지금까지 사용되어 온 안경 이후 이를 대신하거나 이와 경쟁하는 새로운 기술들이 도입, 정착되는 과정을 다룬다. 따라서 '안경'이라는 기술 자체에 대해서는 따로 다루지 않는데, 그 이유 중 하나는 안경이 발명되어 우리나라에 도입, 사용된 역사가 이 글에서 다루는 시기보다 훨씬 오래되었기 때문이다. 다른 이유로는 1947년 설립된 대한안과학회가 한국전쟁 이후 재건되어 학술지를 발행하는 등 본격적인 활동을 시작한 때가 1950년대 후반이었고, 안과전문의들이 조직적으로 자신들의 진료 영역을 구축하던 그즈음에 새로운 시력교정기술인 콘택트렌즈가 국내에 도입되고 활용되었기 때문이다. 따라서 이 글은 안경 이후 시력교정기술의 도입과 정착 과정을 살펴보기로 한다.

동일한 효과를 가지고 있는 안경이라는 기술이 있음에도 불구하고 이를 대신하거나 혹은 경쟁할 수 있는 새로운 기술로서 콘택트렌즈, 엑시머레이저술과 라식, 드림렌즈가 한국 사회에 들어오는 과정은 제법 흥미롭다. 이 글은 오래된 기술이 여전히 사용되고 있는데도 명칭과 원리는 다르면서 효과는 같은 새로운 의료기술이 어떻게 소개되었을까 살펴보는 것이다. 또한 각막을 눌러 근시와 난시를 '치료'한다는 비교적 낯설고 값비싼 각막굴절교정술이 큰 거부감 없이 받아들여진 과정도 흥미롭다. 이를 통해 '렌즈'라는 명칭과 '시력 교정'이라는 효과 측면에서 예전부터 사용되어 온 콘택트렌즈의 익숙함 그리고 각막의 굴절을 조절한다는 원리가 흡사했던 각막절제술의 유행이, 각막굴절교정술의 정착을 도운 역사적 무대였음을 보게 될 것이다.

2. 1950년대 이후 도입된 콘택트렌즈

1990년대 후반 도입된 각막굴절교정술은 그 당시에도 백만 원에 가까운 값비싼 기술이었다. 시력 저하나 난시가 심각한 질환도 아니고 다른 시력교정기술도 있었는데, 이렇게 값비싸고 낯선 기술이 쉽게 도입되고 정착하게 된 과정은 어떠했을까? 이는 전통적인 시력교정기술인 안경을 대체할 새로운 기술들이 소개되고 도입되는 과정을 통해 알 수 있다.

시력을 교정하는 기구 중 하나인 콘택트렌즈가 우리나라에 도입된 것은 1950년대 후반이었다. 당시 신문 기사에 따르면 '공안과' 원장으로 유명했던 공병우가 1958년 미국으로부터 콘택트렌즈를 도입했다고 알려졌는데, 처음에는 외국에서 주문해서 사용했지만 몇 년 뒤 자체적으로 렌즈를 제작할 수 있는 연구소를 세워 국산 제작에 성공했다. 당시 콘택트렌즈는 "직경이 90미리 내외,* 두께가 2미리, 무게가 14그람"의 플라스틱에 "임의로 도수를 넣어서 각자의 눈에 꼭 맞게" 제작되었다.

---

* '직경이 90미리 내외'는 9미리 내외의 오타인 것으로 추정된다.

콘택트렌즈에 대한 문의에 답하면서 공병우는 당시 이 렌즈를 사용하는 사람이 약 70명이며, 처음부터 온전히 혼자 사용할 수 없기에 3~4일 동안 연습을 해야 하고 주기적으로 병원에 와서 검사를 받아야 한다고 적었다. 근시나 난시를 교정할 수 있는 안경이 있는데도 굳이 새롭게 콘택트렌즈가 주목받은 이유는 "안경을 쓰기 싫어하는 여성들과 안경의 불편을 느끼는 남녀 배우," 군인과 운동선수 그리고 "부인들이 부엌에서 일할 때 안경에 김이 서려서 잘 보이지 않을 때"나 추운 곳에서 더운 방으로 들어갔을 잘 보이지 않는 불편함 등이 제시되었다. 시력을 교정하는 효용에서는 크게 다르지 않았지만, 안경을 썼을 때의 불편함이 없다는 것이 콘택트렌즈의 가장 큰 장점이었다.

초창기에는 콘택트렌즈를 끼기 위해서 안과전문의로부터 검안을 받아 시력뿐 아니라 안질환 여부를 확인받고, 각막의 곡률까지 정밀하게 측정해야 했다. 그리고 작성된 검안표를 렌즈 제작 기술자에게 전달하여, 각막의 곡률과 두께를 정확하게 세공한 제품을 받아 착용했다. 안과와 연계되어 렌즈 제작을 전담하는 별도의 연구소들이 있었는데, 1960년부터 이런 연구소는 자체적으로 신문광고를 내고 안경과 대비되는 콘택트렌즈의 효용을 대대적으로 홍보하기 시작했다.

[그림1] 콘택트렌즈 제작소 광고.
출처: 「안경 대신에 콘택트렌즈」, 《동아일보》, 1960년 9월 1일; 「콘택트렌즈」, 《경향신문》, 1961년 12월 22일

이렇게 콘택트렌즈가 도입된 지 10여 년이 지난 1969년에 그 착용자는 10만여 명에 다다랐다. 중간중간 잘못 관리하거나 착용해서 부작용을 겪었다는 기사도 심심찮게 등장하기는 했다. 완전히 시력을 잃거나 안구에 영구적인 상처가 남았다는 조사 결과가 보도되었고, 콘택트렌즈로 인해 세균성 결막염이나 각막염이 유발될 수 있다는 경고도 이어졌다. 그 때문에 한때 인기가 있었으나 "안경보다 월등히 편리하지 못"하다는 평가도 있었다.

그렇지만 성능이 개선된 새로운 제품들이 연달아 출시되면서 콘택트렌즈는 그 수명을 이어갔다. 초기의 딱딱한 플라스틱 재질은 수분을 포함하지 않아 어쩔 수 없이 이물감이 크고 눈물이 나며 눈이 충혈되는 단점이 있었다. 이런 단점을 극복하기 위해 사람의 피부처럼 부드러운 플라스틱으로 제작된 콘택트렌즈가 1969년 개발되었고, 고무처럼 탄력성이 좋고 수분을 더 많이 함유하고 있어 착용감이 뛰어나다고 알려졌다. 몇 년 뒤 서독의 렌즈 제작회사에서 눈물을 흡수할 뿐만 아니라 심지어 "두 손가락으로 접거나 추잉껌처럼 늘어나도 곧 원형을 되찾을" 정도로 뛰어난 제품을 개발했다고 전해졌다. 과거 딱딱한 재질과 비교하여 '소프트렌즈'라고 불린 이들 콘택트렌즈는

고무처럼 탄력성이 좋고 수분을 더 많이 함유해 착용감이 뛰어난 소프트렌즈가 개발
되면서 콘택트렌즈의 인기를 이어갔다.
출처: https://pixabay.com/photos/lens-contact-lens-eyes-lens-vision-4818784/,
ⓒslavoljubovski

소독하기가 까다롭고 가격이 비싼 흠은 있지만, 훨씬 더 편하게 그리고 오랜 시간 동안 착용할 수 있는 장점이 강조되었다. 이제 콘택트렌즈는 단순히 안경의 불편함을 대신하는 대체재로서가 아니라, 그 자체의 부작용을 줄이고 종래의 것보다 나은 방향으로 나아가는 기술로 홍보되었다. 이는 1970년대 중반 '국제콘택트소프트렌즈', '한일콘택트렌즈', '세브란스안경콘택트', '보광당 콘택트렌즈', '한국소프트렌즈' 등 콘택트렌즈 제작소의 신문광고에 그대로 투영되었다.

3. 수술적 요법의 시력교정 - 라식

1970년대 후반이 되면 안경이나 콘택트렌즈로 시력을 교정하는 것을 넘어, 수술적 요법으로 시력을 높이는 기술들이 소개되기 시작했다. 이 기술들은 안경이나 콘택트렌즈를 착용하여 일시적으로 시력 교정 효과를 얻는 것보다 더 장기적으로 시력을 개선할 수 있었다. 그중 첫 번째는 1979년 미국안과학회와 국제각막굴절학회에 참석한 가톨릭의대 이상욱 교수의 말을 빌려 소개된 '각막표층절개술'이라는 방법이었다. 우연히 각막에 상처를 입어 각막이 변형된 환자가 시력을 회복한 사례를 바탕으로 미국과 소련의 안과의사들이 개발한 이 시술은, 각막을 절개하여 인공적인 변화를 줌으로써 각막의 굴절율을 조절하고 시력을 높이는 방법이었다. 실제로 1982년부터 강남성모병원 김재호 교수팀에서 이 수술법을 시행했는데, 1982년 2월부터 9월까지 11명을 대상으로 시술한 결과, 중도 근시환자는 모두 시력이 개선되었고 고도 근시환자 중 20% 사례에서 시력이 나아졌다고 밝혔다. 그리고 수술을 받은 11명이 그 결과에 만족했다(김재호, 1983). 이들을 포함하여 1984년까지 강남성모안과에서는 130여 명의 근시환자를 대상으로 수술이 실시되었는데, 이 수술을 받은 환자 중 90% 정도가 수술 결과에 만족했다고 전해졌다.

그리고 얼마 지나지 않아 각막을 직접 절개하고 그 부위가 아물면서 굴절율이 바뀌는 시술(방사상각막절개술, Radial keratotomy)과 달리, "엑시머레이저"라는 의료장비를 이용하여 원하는 만큼의 각막을 절제하여 시력을 개선하는 기술이 소개되었다. 1988년 강동성모병원에서 처음 도입한 이 의료장비는 뜨거운 열로 태우는 것이 아니라 각막의 분자결합을 분쇄하여 절제하는 방식이었다. 방사상각막절개술보다 더 정교하고 더 나은 효과를 얻을 수 있는 엑시머레이저 수술은 특히나 중등도 이하의 근시를 교정하는 데 도움이 된다고 알려졌다. 그렇지만 이 수술은 각막상피를 벗겨내기 때문에 상처가 아무는 데 시간이 걸리고 그동안 일상생활의 불편이나 통증을 참아야 하는 단점도 있었다(한국보건의료연구원, 2011: 3).

이런 단점을 줄이면서도 고도근시 환자에게도 적용할 수 있는 수술법이 라식(LASIK)이었다. 엑시머레이저 수술이 유행한 지 몇 년 뒤에 바로 소개된 라식은 각막의 윗부분을 얇게 잘라 절편을 만들고 남은 각막을 원하는 만큼 엑시머레이저로 절제하는 방법이었는데, 예전 엑시머레이저 수술로는 충분히 효과를 거둘 수 없었던 고도근시 환자들에게 그 효과가 높다고 알려졌다(한국보건의료연구원, 2011: 4). 라식은 수술 시간이 조금 더 오래 걸렸고 비용이 두 배 정도 비싼 단점이 있었지만, 눈부심이나 눈물이 나는 증상은 덜했고, 안대를 착용할 필요가 없었으며, 시력이 회복되는 시간도 더 빨랐다.

안경이나 콘택트렌즈처럼 착용했을 때만 시력이 교정되는 기술이 아니라, 수술을 통해 장기간 시력 교정 효과를 볼 수 있는 방사상각막절개술, 엑시머레이저술, 라식은 1990년대 후반 대대적인 인기를 끌었는데, 당시《조선일보》는 다음과 같이 적었다.

안경을 벗어 던져라. 최근 근시 교정 수술을 받아 안경이나 콘택트렌즈를 벗는 사람들이 크게 늘어나고 있다. 특히 20~30 대 젊은 여성들 사이에서 '유행'이라고 할 만큼 인기가 높다. 근 시 교정 수술은 최근 2~3년 새 1만 5천여 건이 시술된 것으로 추정된다. 불편한 안경과 콘택트렌즈를 벗을 수 있다는 장점 덕분에 이 수술은 계속 확산되고 있다.

입시를 앞둔 수험생이나 스튜어디스, 운동선수, 미혼 여성들 처럼 "안경을 벗고 싶으신" 사람들을 대상으로 근시 교정 수술 을 설명하는 단행본이 출판되었고, 당시 대단한 인기를 끌었던 여자 연예인과 국가대표 운동선수들도 라식 수술을 받았다는 기사가 연일 보도되었다. 몇몇 일간지는 몇 주에 걸쳐 전국에 서 엑시머레이저술, 라식수술이 가능한 병원의 명단을 소개할 정도였다.

추후에 성인남녀 10,000명을 선별하여 근시 교정 수술 경험 여부 및 만족도 등을 조사한 결과에 따르면, 엑시머레이저 수 술이나 라식을 받은 환자(302명)의 수술 후 만족도는 10점 만점

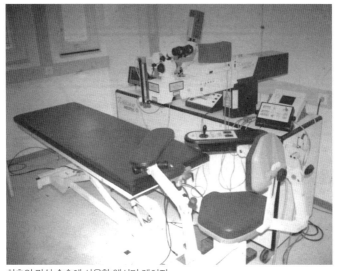

최초의 라식 수술에 사용한 엑시머 레이저
출처: https://en.wikipedia.org/wiki/File:MEL60-UOC.jpg, CC BY-SA 3.0, ⓒ
Philos2000

기준으로 평균 8.52점이었으며, 특히 10점이라고 대답한 비율
도 39%에 달할 정도로 높았다. 또한 다른 사람에게 이 수술을
추천할 것인지를 묻는 추천지수도 평균 7.98점이었고, 35.76%
의 응답자는 10점을 부여했다(한국보건의료연구원, 2011: 111-120). 이런
긍정적인 평가는 수술 이후 시력이 교정된 사례가 평균 89%라
는 다른 조사 결과와 상응하는 것이었다(박근성, 심완섭, 1997).

4. 드림렌즈의 도입과 정착

이처럼 엑시머레이저술이나 라식을 통한 근시 교정이 각광
을 받고 있을 즈음 OK 렌즈 즉 각막굴절교정술이 국내에 소개
되었다. 1993년 8월부터 6개월 동안 근시환자를 대상으로 특수
하드렌즈 일명 OK 렌즈를 시험한 안과전문의 김용란은 평균
1.73 디옵터의 시력 향상 효과를 봤다고 밝혔다. 각막 중심부를
누르고 주변부를 올려 주도록 고안된 이 렌즈는 가벼운 근시
나 난시를 가진 환자를 대상으로 효과를 더 볼 수 있다고 알려
졌다. 교정 효과가 엑시머레이저술이나 라식에 비해 떨어지기
는 하지만, 근시가 진행 중인 학생들에게 이를 방지하는 효과

가 있으며 무엇보다 수술이 필요 없다는 측면에서 주목받았다. 그리고 1993년에 처음 소개되고 1995년 말 전국 50여 곳에서 시술되던 OK 렌즈는 1998년 미국 FDA의 승인을 받은 제3세대 렌즈 즉 '드림렌즈'가 들어오면서 더욱 인기를 끌었다.

당시 드림렌즈를 소개한 안과전문의는 "일반렌즈와 라식수술의 중간 정도로 보면 된다"고 언급했다. 이는 그동안 널리 사용되던 콘택트렌즈와 이름이 유사하기에, 각막절제술과 같은 "수술에 대한 부작용을 염려하는 사람"을 안심시키는 것이었다. 그러면서도 "하루 정도만 밤에 렌즈를 끼고 자면 1~10일 정도 시력이 개선된다"면서 콘택트렌즈보다는 더 뛰어난 효과를 강조했다.

그는 약한 근시나 난시 환자는 앞으로 더 좋은 근시 교정 방법이 나올 때까지 임시적으로 사용이 가능할 것이면서 밤에만 착용하면 돼 일반 렌즈를 끼는 것보다 편리하고 부작용도 적다고 강조했다.

1990년대 후반 국내에 도입된 각막굴절교정술은 OK 렌즈 혹은 드림렌즈라는 이름으로 더 널리 소개되었다. 가령 "드림

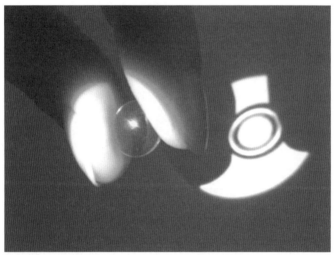

조명 아래의 드림렌즈
출처: https://en.wikipedia.org/wiki/File:Ортокератологическая_линз
a.JPG, CC BY 3.0, ©Nagorsky

렌즈는 꿈의 렌즈?", "잘 때 끼는 드림렌즈 OK", "자고 나면 딴 세상"처럼 홍보되었는데, 이런 용어의 사용은 한편으로는 수십 년 전부터 사용되어 온 콘택트렌즈의 익숙함에 기댄 것이었다. 각막굴절교정술이라는 이름에서 상상되는 수술적 요법이 아니라 콘택트렌즈처럼 간단하게 착용하고 뺄 수 있다고 소개됨으로써, 수술적 방식에 대한 막연한 두려움이나 거부감이 상쇄되었던 것이다. 그러면서도 당시 유행했던 엑시머레이저술이나 라식처럼 각막의 굴절률 자체를 바꿔주어 제법 오랫동안 시력 개선 효과를 볼 수 있고 나아가 성장기 어린이의 근시 진행을 막아준다는 측면에서 콘택트렌즈보다는 나은 시력교정기술이었다.

그리고 2000년대 내내 드림렌즈는 특히나 성장기 어린이를 위한 시력교정기술로 긍정적으로 묘사되었다. 오남용으로 인한 부작용을 우려하면서도 학부모들 사이에서 인기를 끈다는 뉴스가 보도되었고, 신문에서는 안경의 불편함, 미용 목적, 가격 대비 시력 개선 효과 등을 언급하는 학부모의 인터뷰를 직접 싣기도 했다. 드림렌즈의 효용을 강조하는 안과전문의의 신문 칼럼도 이어졌다. 안과에서 드림렌즈를 얼마나 처방하는지 혹은 드림렌즈 시장이 어떠한지 확인할 수 있는 통계자료는 없지만, 2007년과 2008년 안과전문의를 대상으로 한 설문조사는 드림렌즈의 인기가 일회성으로 끝나지는 않으리라는 것을 짐작하게 했다.

드림렌즈가 도입된 지 10여 년이 지난 시점에 실시된 이 설문조사에 따르면, 조사에 참여한 안과전문의 중 80%가 드림렌즈를 처방하고 있었고, 향후 전망에 대해서도 긍정적으로 평가했다. 근시의 진행을 억제하는 드림렌즈의 효과에 대해서는 59.7%가, 라식과 같은 시력교정수술을 대체할 가능성에 대해서는 89.3%가 긍정적으로 답변했던 것이다(박신혜 외, 2009). 다른 조사에 따르면 근시 진단을 받은 후 드림렌즈를 착용 전후로 근시 진행 정도가 -1.1D/year에서 -0.3D/year로 완화되고, 난시의 진행도 억제한다고 알려지기도 했다(이원희 외, 2011: 정호길 외, 2019). 안과전문의들의 호의적인 평가, 그리고 익숙한 명칭이었지만 효과는 더욱 뛰어난 것으로 소개된 '드림렌즈'는 이렇게 한국 사회에 정착했다.

5. 시력교정기술은 계속 바뀐다

1950년대 후반에 도입된 콘택트렌즈는 기존에 사용되던 안경과 동일한 효과를 지니면서도 안경의 불편함을 극복할 수 있는 기술로 소개되었다. 미용적인 목적으로 혹은 편하게 활동하기 위해서, 그리고 직업적인 이유로 안경을 꺼려했던 사람들은 흔쾌히 콘택트렌즈를 선택했다. 이렇게 소개된 콘택트렌즈는 그 자체의 단점을 극복하면서 조금씩 우리 사회에 정착해 나갔다. 초창기 딱딱한 콘택트렌즈는 눈을 쉽게 충혈시키고 눈물이 나게 하는 부작용이 있었는데, 점점 부드럽고 착용감이 뛰어난 제품들이 연달아 출시, 수입된 것이다. 콘택트렌즈는 안경의 불편을 대신하면서 그 자체로도 점점 나은 기술로 발전해 나갔고 점차 많은 사람들에게 활용되었다.

그렇지만 콘택트렌즈는 각막에 직접 닿는다는 점에서 그리고 착용할 때에만 시력이 좋아진다는 점에서 그 나름의 한계가 있었다. 이런 문제를 해결했다고 등장한 것이 엑시머레이저나 라식술이었다. 각막을 절제함으로써 아주 오랫동안 시력교정 효과를 볼 수 있을 뿐 아니라 안경이나 렌즈를 아예 끼지 않아도 되었기 때문이다. 비록 고가였지만, 여러 유형의 각막절제술은 유명인들의 시술과 대대적인 홍보로 한국 사회에 정착했다.

　이렇게 소개된 각막절제술 역시 한 가지 아쉬움을 남겼다. 바로 성장기 어린이에게는 권유되기 어렵다는 점이었다. 성장을 하면서 안구도 동시에 커지고 이에 따라 근시가 진행 중인 어린이에게 각막절제술은 장기간 효과를 보증할 수 없었다. 이런 곤란함을 해결할 방편으로서 OK 렌즈가 1990년대 후반에 특히 어린이들을 위한 시력교정기술로 도입되었다. 비록 안경이나 콘택트렌즈에 비해 비싼 편이었으나 드림렌즈는 일상생활을 할 때 안경이나 렌즈를 끼지 않아도 되고, 각막을 직접 눌러주어 근시 진행을 막아준다는 점에서 새로운 기술로 인정받은 것이다.

환자, 자신의 아픔을 말하다

박성호

경희대학교 인문학연구원 HK+통합의료인문학연구단 HK연구교수

1. 의료에서 돌봄으로, '대화'의 가능성

의료는 병을 치료하는 것을 목적으로 한다. 하지만 모든 의료가 병을 '치료'할 수 있는 것은 아니다. 기술적인 한계 때문에, 혹은 인간의 생로병사 그 자체가 지닌 본성 때문에라도 의료를 통해 해소할 수 없는 질병은 얼마든지 존재한다. 의학 기술이 고도로 발달한 오늘날에야 많은 질병들이 '정복'되었다고도 하지만, 거꾸로 이전에는 존재하지 않았던 새로운 질병들이 등장하여 또다시 의료의 손길이 닿지 않는 지점들로 번져나간다.

그렇다면 의료가 미처 해소하지 못하는 질병들은 어떻게 되는 것일까. 인간은 그런 질병들 앞에서 그저 무력하게 고통받다가 죽어 가는 것일까. 치료가 불가능하거나 어렵다고 해서 손을 놓는 경우는 없으리라. 일단 무엇이라도 해 보려고 하는 게 사람이다. 설령 그게 반드시 의학적인 접근이 아니라고 할지라도 말이다.

이광수도 자전적 이야기를 다룬 소설에서 그와 비슷한 이야기를 했던 적이 있다. 어렸을 때 자신은 우두를 맞기도 했지만 한편으로는 마마신을 배송하기 위한 무꾸리도 동시에 했다는 것인데, 이게 특별히 미신을 믿었다거나 서구의학을 신뢰하지 못했기 때문이 아니라 자식이 병들지 않게 하기 위해서라면 무엇이든 시도하려고 했던 아버지의 마음 때문이었노라고 말이다.

그렇게 병든 사람은 질병을 고치기 위해서, 혹은 질병이 주는 고통으로부터 조금이라도 벗어나기 위해서 무엇이든 하게 마련이다. 그래서 사람들은 자신의 질병과 고통에 대해 이야기하고 싶어한다. 물론 질병을 고치거나 통증을 줄이기 위한 효과적인 대안을 찾기 위함도 있지만, 그 이전에 자신의 고통을 타인에게 표현한다는 것 자체만으로도 자신이 감당해야 하는 아픔의 크기를 완화하고 질병을 버텨낼 힘을 얻을 수 있기 때문일 것이다.

대화와 치유의 관계는 현대 의료에서도 주목받고 있는 요소이지만, 이런 시각들이 제기되기 한참 전인 20세기 초에도 이와 비슷한 접근을 보여주었던 몇몇 사례가 있다. 그런데 하나 재미있는 점은 의료와 관계된 전문 서적이나 기사 등에서가 아니라, 바로 '소설'에서 나타난 사례들이었다는 사실이다.

물론 이런 소설들이 실제 대화를 통한 돌봄의 가능성을 의료의 차원에서 깨닫고 있었기에 이러한 이야기를 채택하지는 않았을 것이다. 서사를 진행하는 과정에서 자연스럽게 등장하게 된 화소들이겠지만, 이는 거꾸로 말한다면 이미 의료 이전에 사람들은 대화를 통해 자신의 고통을 다스리는 방법을 경험적으로 알고 있었다는 의미도 되리라. 이 글에서는 그와 같은 흔적들을 짚어보면서 근대 초기 소설에서 질병과 고통에 대한 다스림을 어떤 관점에서 파악했는지 살펴보려고 한다.

2. 내몰린 사람들의 안식처 - 종교와 대화

1908년 발표된 이인직의 소설 「은세계」에는 정신질환자가 등장한다. 주인공인 옥순·옥남 남매의 모친인 본평댁이 바로 그 환자다. 강원감사의 탐욕 때문에 억울하게 남편을 잃고 어린 옥순과 덩그러니 남게 된 본평댁은 그 한(恨) 때문에 고통스

夢潮

小說

鄕阿

△세상이 꿈인지 꿈이 세상인지 세상인지 꿈인지 꿈과 세상은 도모지 알기 어려온 일이로다 장안 되도 너른길에 가나는 사람 오나는 사람 가고오나는 사람이 모다다 일엄어서 가고오나일은 업건 마나는 북악산녀 훈피뿌리에 어둥컴컴 ...

소설 「몽조」 첫 연재분.
출처:《황성신문》 1907년 8월 12일 자

러워하다가 유복자 옥남을 출산하는 과정에서 그만 미쳐 버리고 만다. 원래부터 남편의 죽음으로 정신적 고통을 받던 와중에 해산 시의 충격이 기폭제가 되었다는 게 소설 속에서의 설명이다.

그렇게 미쳐 버린 본평댁은 어떻게 되었을까. 지금처럼 신경정신과가 있던 시대도 아니고, 하물며 병원 자체가 낯설던 때다. 게다가 소설의 배경이 되었던 것은 강원도 강릉. 시간적 배경도 대략 갑오년(1894년) 언저리로 추정되는데, 이 시기면 아프다는 이유로 병원을 간다는 발상 자체를 하기 힘들던 때다. 그래서 본평댁은 그냥 자기 방 안에 갇히는 신세가 되어서 거의 귀신과 같은 몰골로 간신히 연명만 하는 상태로 살아가게 된다.

그런데 이인직의 「은세계」가 발표된 시기와 거의 비슷한 무렵에 《황성신문》에 역시 비슷한 내용의 소설이 하나 실린다. 「몽조」(1907)라는 작품인데, 저자는 '반아'라는 필명으로만 나타날 뿐 누구인지는 정확하게 알 수 없다. 다만 현재까지의 연구에 따르면 당시 법학자였던 석진형(石鎭衡)일 것이라고 추정하는 정도이다. 그런데 사실 그다지 중요한 문제는 아니다. 어차피 이인직이나 이해조조차도 낯선 사람들에게 석진형이라는 이름은 그저 고개를 갸웃하게 만들 뿐이고, 하물며 문학 연구자들 사이에서도 석진형은 그리 널리 알려진 사람은 아니니 말이다.

참고로 《황성신문》은 「시일야방성대곡」이라는, 을사보호조약의 부당함을 널리 설파하고 사람들의 각성을 호소했던 장지연(張志淵)의 사설이 실린(1905.11.20) 신문으로 익히 알려져 있다. 장지연이 바로 당시 《황성신문》의 주필이었다. 이 일로 인해서 《황성신문》은 정간 조치를 당하게 되지만, 「몽조」와는 직접적으로 관계가 있는 일은 아니다. 소설의 내용도 그러하려니와 이 무렵의 《황성신문》은 이미 대한제국 내부(內部)의 신문 검열로 인해서 「시일야방성대곡」과 같은 뚜렷한 정치색을 드러내기엔 어려운 상황이었던 까닭이다.

다시 소설 이야기로 돌아가 보자. 「몽조」의 내용은 간단하다. 한대흥이라는 사람은 외국 유학을 하면서 한국을 크게 개혁할 포부를 품은 채 귀국한다. 하지만 모종의 사건에 연루되어 역적으로 몰린 채 억울하게 죽음을 당하고, 그의 부인 정씨(鄭氏)는 어린 두 남매를 홀로 키워야 하는 처지에 놓인다. 남편이 죽은 것만으로도 이미 헤어나올 수 없는 슬픔을 겪고 있는데, 그 와중에 홀몸으로 두 아이까지 키워야 하니 앞으로 살아갈 날조차 막막하다. 이런 상황에서라면 누군들 절망하지 않겠는가. 정씨 또한 그랬다.

이 대목까지는 앞서 언급했던 『은세계』와 매우 흡사하다. 남편이 억울하게 죽었다는 점도, 부인 혼자 자녀를 키우려다가 극한 상황에 놓인다는 점도 그렇다. 아마도 정치의 어지러움으로 인해 무고한 개인이 참화(慘禍)를 입게 된다는 화소는 당대에 꽤나 대중적인 인기를 끌었던 듯하다. 「은세계」의 경우에는 훗날 원각사(圓覺社)에서 연극으로 상연되기도 했는데, 최병도의 죽음을 재현하는 장면에 대해 정부 고위 관계자가 불쾌감을 표했다는 기사도 남아 있을 정도다. 「몽조」의 한대흥과 정씨 부인 역시 비슷한 맥락에 놓였던 것으로 보인다.

그나마 「은세계」의 본평댁보다 나은 점이 있다면 죽은 남편의 동지이자 친우였던 '박 주사'라는 사람이 물심양면 정씨 부인의 뒷일을 보아준다는 점이겠다. 박 주사는 정씨 부인에게 남편의 유서를 전해준 사람이기도 한데, 한대흥의 사후에도 아들인 증남의 학교에 찾아와서 연설을 하면서 한대흥의 유지를 잇기도 하고, 증남을 통해 정씨 부인에게 생활비를 보태 주기도 한다.

하지만 이렇게 도움을 받아도 정작 정씨 부인은 돈을 쓰는

은세계 공연 광고. 당시《대한매일신보》나《황성신문》등에 연일 게재되었다.
출처:《대한매일신보》1908년 11월 15일 자

법조차 모른다. 박 주사가 건넨 돈은 하필 제일은행권, 즉 일본 은행에서 발행한 돈이라 조선에서 통용되는 화폐로 바꿔 써야 하는데 정씨 부인은 이런 사실도, 혹은 환전하는 방법도 몰라서 집안 일을 보아주는 검둥어멈에게 환전을 부탁할 정도다. 그나마도 검둥어멈이 환전해서 돌아오는 길에 외상을 진 상인을 만나서 빼앗기다시피 돈을 건네준 까닭에 그렇게 박 주사가 마련해준 돈조차도 뜻대로 쓸 수 없다.

이러니 사람이 어찌 화병이 안 나고 배기겠는가. 게다가 작중에서 묘사되는 정씨 부인의 품성은 저런 상황에서도 남에게 싫은 소리 한번 제대로 못하는 성미다. 남편을 잃은 데 대한 억울함과 슬픔, 아이를 혼자 키우면서 겪어야 하는 고충, 세상물정을 몰라서 억울한 지경에 처하고도 남을 탓할 수도 없는 어려움, 이런 것들이 한데 뭉쳐서 점차 정씨 부인은 궁지로 몰리고 있었다.

결국 이런 감정들이 분출되는 계기가 등장하는데, 「은세계」에 빗대자면 마치 본평댁이 유복자인 옥남을 출산하다가 산후여증(餘症)으로 인해 광증을 일으키는 것과 같다. 정씨 부인은 아들 중남을 데리고 남편의 성묘를 갔다가 쌓였던 감정이 폭발하고 만다.

사람의 속이 답답하고 갑갑할 때에는 통사정할 만한 사람을 만나 그 사람이 그렇게 만들어준 것은 아니지만 생각하는 마음이나 하고 싶은 말을 숨김 없이 말하는 것이 얼마나 마음을 위로하는가. 혹은 기가 막히고 가슴이 빠개지는 듯할 때에는 남보지 아니하는 곳에 가서 잔디라도 쥐어뜯고 한바탕 우는 것이 가슴에 뭉친 것을 얼마만큼 풀어줄 것이다. 그러나 이 정씨 부인의 오늘 성묘길은 그렇지 못해서 마음에 맺힌 것을 풀기는 고사하고 한층 더할 뿐이다. 삼십 리 먼 길을 한나절 걸려 왔지마는 속마음 한마디를 풀어본 일이 없고, 또 산소에 이르러서도 한없이 울고 싶은 마음이나 박 주사가 멀지 않은 곳에 있어서 마음대로 속이 시원하게 울기도 어려워 저절로 나오는 눈물을 금하지는 못하면서도 속 시원하게 소리 내서 울기는 어려워 치마에 받은 눈물을 잔디 위에 뿌린다.

이렇게 마음껏 울 수조차 없는 정씨 부인에게 뜻밖의 인물이 나타난다. 그것은 바로 정동 교회당에서 나온 '전도마누라', 즉 기독교를 전도하기 위해서 이집 저집 돌아다니는 부인이다. 당시만 해도 기독교는 사람들에게 퍽 익숙하지 않은 종교이기도 했고, 과거 천주교 박해 당시의 여파가 남아 있는지라 한편에

20세기 초 정동교회의 문화행사 모습.
출처:《동아일보》1923년 12월 27일 자

서는 금기시되기도 했다. 앞서 환전한다고 가져갔던 돈을 외상으로 빼앗기고 만 검둥어멈도 전도마누라의 등장을 경계한다. 하지만 정씨 부인의 입장에서는 전도마누라야말로 자신의 억울한 속내를 들어주고 마음속에 맺힌 응어리를 풀어줄 수 있는 존재다.

사실 전도마누라의 역할은 정씨 부인의 하소연을 들어주는 것 외에는 없다. 남편의 친구이자 경제적인 조력자인 박 주사나 집안 살림을 도와주는 검둥어멈처럼 정씨 부인에게 실질적인 도움을 주는 것도 아니다. 전도마누라가 제안하는 것은 그저 기독교에 대한 믿음을 통해서 마음속의 짐을 덜라는 것뿐이다. 그럼에도 「몽조」에서 누구보다도 정씨 부인의 증상 완화에 도움을 주는 것은 박 주사도, 검둥어멈도 아닌 전도마누라다. 화병을 향해 한 발짝씩 나아가던 정씨 부인에게 '대화'를 통해 심화(心火)를 조금이라도 덜어낼 수 있는 계기를 마련해주었기 때문이다.

물론 전도마누라는 그 인물명이 보여주듯 정씨 부인에게 기독교를 전파하는 게 목적일 뿐 그녀를 치료하거나 돕는 것이 그의 본뜻은 아니다. 하지만 「몽조」가 연재되던 1907년 무렵의 상황을 보더라도 교회는 반드시 종교시설로서만 기능했던 것은 아니다. 오히려 서양 선교사라는 든든한 '뒷배' 덕분에 지방의 탐관오리나 세력가에게 억압당하는 사람들이 일종의 피난처로 교회를 찾는 경우도 적지 않았다. 「몽조」에서의 전도마누라 역시 의도치 않게 정씨 부인의 심리적 피난처 역할을 했던 셈이다.

만일 정씨 부인이 전도마누라를 마주치지 못했다면 어떻게 되었을까. 「몽조」의 연재가 중단된 까닭에 정확한 뒷일은 알 수 없다. 정씨 부인이 전도마누라와의 대화를 통해 마음의 응어리를 어느 정도 해소하게 되는 장면까지가 남아있는 연재분의 전부다. 하지만 비슷한 전제에서 출발하는 또다른 소설 「은세계」에서 남편을 억울하게 잃은 본평댁이 극심한 정신질환을 10여 년간 앓았던 점을 생각건대 정씨 부인 역시 별반 다르지 않은 상황을 겪었을 것이다. 정신질환에 대응할 만한 제대로 된 병원도, 의약도 없던 시대에 극심한 마음의 상처를 다스릴 수 있는 사실상의 유일한 요법이란 오직 진솔한 대화, 그뿐이었다.

3. 누군가와 대화할 수 있었던 남자,
누구와도 소통할 수 없었던 여자

본격적으로 병원이 등장하고 나아가서는 정신질환에 대한 대응책까지 마련된 시대에도 '대화'의 중요성은 여전히 영향을 끼쳤다. 합병 이후 기존의 대한의원이 총독부의원으로 변모하였고, 1913년에는 총독부의원 내에 동8호실이라고 하는 정신병동이 설치되었다. 《매일신보》에서 이 동8호실에 대한 탐방 기사까지 여러 차례 내놓았던 점을 보아서는 당시 동8호실의 존재는 대중에게도 꽤 널리 알려진 상태였을 것이다.

총독부의원은 1910년대 당시만 해도 한반도 내에 존재하는 최고의 의료기관으로 손꼽혔다. 단지 병원으로서 환자의 병을 고치는 데에만 그치는 것이 아니라, 총독부 중심의 새로운 질서가 당시의 식민지인들에게 얼마나 긍정적인 영향을 주는지에 대한 프로파간다의 핵심으로서도 중요한 역할을 했다. 어디에서도 고칠 수 없는 환자들을 치료하고 그 성과를 총독부 기관지인 《매일신보》를 통해 널리 알리는 일에 적잖은 지면을 할애했던 것만 보더라도 당시의 상황을 짐작하기란 어렵지 않다.

조중환의 장편소설 「장한몽」은 우리에게도 '이수일과 심순애'라는 제목으로 익히 잘 알려진 작품이다. 이 소설에서 주인공인 이수일과 심순애는 각각 정신질환을 앓는다. 이수일은 비교적 경증의 신경쇠약 정도에 그치지만, 심순애는 우울증은 물론이려니와 조현병에 가까운 중증을 호소하면서 총독부의원 부속 정신병동에 입원하는 처지에까지 이른다. 동8호실의 존재가 바로 이 소설에서 언급되는 정신병동이다.

그런데 정작 총독부의원에서는 심순애를 치료하는 데 실패한다. 심지어는 오진(誤診)마저 한다. 담당의사는 그녀의 증세가 심하지 않으며, 3-4개월만 요양하면 쉽게 나을 것이라고 진단하지만 정작 심순애는 날이 갈수록 증상이 극심해지면서 여러 차례 자살을 시도할 정도까지 악화되었던 것. 당시의 맥락대로라면 총독부의원이 고치지 못하는 심순애의 병은 죽음에 이르는 것 외에는 달리 방도가 없다. 실제로 심순애의 병은 정신질환에서 시작했음에도 어째서인지 시일이 경과할수록 생명이 위독해질 정도까지의 중증으로 진행된다.

반면 이수일은 이 정도로 심하게 앓지는 않았다. 심순애에 대한 원망과 연민이 서로 충돌하면서 신경쇠약을 일으킨 정도였는데, 그래서였는지는 몰라도 따로 병원을 찾지는 않는다. 대신 청량암(清凉庵)이라는 암자를 찾아가서 그곳에서 당분간

청량암에서 최원보 부부와 만난 이수일.
출처: 《매일신보》 1913년 9월 4일 자

세상과 연을 끊고 홀로 지내는 것으로 대신하려고 한다. 말하자면 절에서 요양하겠다고 결심한 것이다. 참고로 이 청량암이라는 곳은 나중에 더 유명한 소설에서도 등장하는데, 이광수의 대표작 「무정」이 그것이다. 작중 박영채가 배학감에게 끌려간 장소로 거론된 곳이 바로 이 청량암(작중에서는 청량사로 지칭된다)이었다.

청량암에서의 요양은 이수일의 병을 치료하는 데 도움이 되었을까. 사실 요양 자체는 그리 득이 되지는 않았다. 다만 청량암에서 요양하는 과정에서 예기치 않은 사건에 접하게 되는데, 우연히 옆방에서 들려오는 어느 부부의 이야기를 듣게 된 이수일은 그들이 자결할 마음을 품고 있다는 걸 알고는 이들의 문제에 개입하게 되는 것이다. 이수일이 그렇게 도움의 손길을 내민 덕에 이 부부는 목숨을 건지지만, 다른 한편으로는 청량암을 찾은 이수일의 사연을 듣고 그의 조력자가 되어주기도 한다. 우연한 만남이기는 했어도, 이수일에게는 자신의 마음속 응어리를 풀어낼 대상이 나타나 주었던 것이다.

이수일의 친구이자 조언자인 백락관의 존재 역시 마찬가지다. 백락관은 고리대금업자로 변한 이수일의 행적을 꾸짖고 다시 개심할 것을 촉구하는 인물이기도 하지만, 한편으로는 이수일로 하여금 심순애를 용서하고 그녀와 재결합할 수 있도록 유도하는 조력자의 역할도 한다. 자신의 처지를 비관하여 대동강에 투신하려던 심순애를 우연히 구조하게 되었던 것도 백락관이다. 이수일이 최원보 부부와의 대화를 통해서 자신의 신경쇠약을 완화할 계기를 마련했다면, 백락관과의 대화는 심순애에 대한 용서를 통해 심순애는 물론 자기 자신 또한 완치될 수 있는 가능성을 마련해준 셈이다.

용서하겠다는 걸 입으로만 해서야 무슨 효험이 있나. 그 여자(심순애)를 한번 만나보고 그녀의 귀에 들릴 수 있게 말해주게. 그 여자를 자네가 직접 위로하면 그 병이 곧 나을지도 알 수 없네. 아무리 의약(醫藥)을 한다기로 실성한 사람의 병이 저런 것으로 어찌 낫는단 말인가. 자네가 만일 그 여자를 불쌍히 여겨서 전과 같이 성한 사람으로 만들어 놓을 생각이 있거든, 다만 한 가지 방도가 있으니 그것은 자네가 만나 보고 다시 자네 집으로 데려오는 것일세.

'실성한 사람에게 의약이 무슨 소용'이라는 백락관의 말에서도 드러나지만, 「장한몽」에서 정신질환을 앓는 이들을 치유의

총독부의원에서 이수일이 심순애를 용서한다고 선언하는 장면.
뒤에 심택(심순애의 부친) 부부가 함께 묘사되어 있다.
출처:《매일신보》1913년 9월 28일 자

길로 이끌어주는 것은 바로 '한마디의 말'이다. 이수일에게는 그것이 최원보 부부와의 대화였고, 심순애에게는 "당신을 용서한다"는 이수일의 선언이었다.

다만 심순애가 이수일과 달랐던 점은 그녀에게는 최원보 부부나 백락관과 같은 내담자(來談者)가 없었다는 점이겠다. 그녀는 계속해서 이수일에게 용서를 비는 편지를 보냈으나 답장은 오지 않았으며, 이수일에게 용서를 빌고자 하는 마음을 주변의 다른 누군가에게 털어놓을 수도 없었다. 심순애의 속마음은 그녀가 급성 우울증으로 총독부의원 정신병동에 입원한 뒤에서야 밝혀진다. 누구에게도 자신의 속내를 털어놓을 수 없었기에 결국 발병을 거쳐서 생명이 위태로워지는 지경에 이르러서야 이수일과 재회하고 그에게서 용서의 한마디를 겨우 들을 수 있었다.

이처럼 대화는 뚜렷한 치료법이 없었던 정신질환에 대해 유효한 대응책 중 하나로 간주되고 있었다. 이는 실제 오늘날 화병에 대한 진단과 치료에서도 권장되는 요법이기도 하지만, 이런 의학적 지식이 뚜렷하지 않았던 과거에도 타인과의 대화를 통해 마음속의 응어리를 풀어낸다는 생각은 충분한 설득력을 지니고 있었다. 그러하기에 「장한몽」의 이수일이나 「몽조」의 정씨 부인은 본격적인 발병 단계에 이르기 전에 자신의 고통을 완화하고 스스로를 다잡을 수 있었던 것이다. 반면 그 대척점에 놓여 있던 「은세계」의 본평댁이나 「장한몽」의 심순애는 극심한 위기를 겪고 나서야 비로소 치유의 과정에 들어갈 수 있었다.

4. 대화를 통한 마음 돌봄 - 섭심(攝心), 그리고 의료

대화라는 것이 반드시 병을 '치료'한다는 차원에서만 의미가 있는 것은 아니다. 도저히 치료의 가망이 보이지 않는 환자에게도 대화와 소통은 일정한 효과를 준다. 반드시 자신의 병이나 고통에 대해 이야기하는 게 아니라 하더라도, 환자의 마음을 다스릴 수 있게 도와주는 대화는 의료에서 중요한 요소로 간주될 수 있다.

그 가능성을 가장 구체적으로, 그리고 직접적으로 짚어냈던 소설이 바로 이광수의 장편 『사랑』이다. 1939년 발표된 이 소설은 이광수 본인의 술회에 따르면 생계 유지를 위해 쓴 작품 가운데 하나인 것처럼 설명되지만, 사실은 이광수가 생각하는 궁극의 의료, 나아가서는 진정한 '돌봄'이라는 게 어떤 것인지를 불교의 자비나 기독교의 박애라는 관점에서 풀어내고 있다는 점에서 살펴볼 가치가 있는 작품이기도 하다.

『사랑』에서 주인공 안빈은 의사다. 그의 경력은 특이한데, 원래는 소설을 쓰고 잡지를 편집하던 사람이었으나 이런 일들이 사회를 '고칠' 수 없음을 깨닫고 질병을 고치는 일에 투신해야겠다면서 의학교에 가서 의사가 되기에 이른다. 오늘날로 치자면 국어국문학과 나와서 작가로 활동하다가 다시 의과대학에 간 셈인데, 이것만으로는 부족했는지 결핵의 치료에 대한 연구를 지속하면서 경성제국대학 의학박사 학위를 받기에 이른다. 안빈 본인도 결핵을 앓았던 이력이 있었으니, 환자로서도 의사로서도 혹은 의학자로서도 결핵에 대해서는 권위자였던 셈이다.

그런데 안빈이 이렇게 결핵 치료 연구에 전념하게 된 데에는 그럴 만한 이유가 있었다. 안빈 본인도 앓았던 적이 있다고 하지만, 그의 부인인 옥남 역시 결핵으로 서서히 죽어 가는 상황이었기 때문이다. 물론 안빈의 연구는 결핵 치료제 개발이라기보다는 그 과정에서 발견한 혈액 속의 특정 '성분'에 대한 것이기는 했지만, 그는 아내에 대한 간병과 치료를 포기하지 않는다.

하지만 안빈은 옥남에게 특정한 약이나 치료법을 시도하면서 그녀의 병을 고치려고 하는 것은 아니다. 대신 안빈은 끊임없이 그녀와 대화를 나눈다. 안빈의 관점에서 병을 다스리는 가장 좋은 방법은 다른 무엇보다도 환자 자신의 마음을 다스리는 것, 즉 '섭심(攝心)'이기 때문이다.

"그럼 낫지 않구. 폐병이 못 고치는 병이라구 한 것은 옛날 말이야. 지금은 Helibar라구 아주 정해 놓은 병이오. 잘 안정만 하면 나아."

"글쎄요…."

"석가여래 말씀에 이런 말씀이 있어. 병을 고치는 데 세 가지 요긴한 것이 있느니라구. 첫째가 마음 가지기, 둘째는 병구완, 그리구 세째가 의약이라구. 과연 옳은 말씀야 ― 일 섭심(一攝心), 이 간병(二看病), 삼 의약(三醫藥)이라구."

"그래요. 제 마음이 첫째지."

"첫째는 앓는 사람이 마음을 고요히 가지는 것이지마는 또 곁에서 잘 간호해 주는 이가 있어야 해. 병원에서두 의사보다두 간호부가 병인의 병을 낫게 허는 힘이 커. 그러니깐 좋은 간호부 있는 병원이 좋은 병원이야."

죽어 가는 옥남을 되살릴 방법은 없다. 그녀의 결핵은 이미 임계점을 넘어간 상태이기 때문이다. 물론 『사랑』에서 옥남이 죽게 되는 직접적인 계기는 계절성 독감 때문에 급격하게 병세가 악화되어서이지만, 이미 안빈은 그녀의 죽음을 어느 정도 예감하고 서서히 마음의 준비를 했던 듯하다.

사실 『사랑』의 작가였던 이광수 자신도 오랜 기간 결핵을 앓았다. 1927년 무렵에는 급작스러운 병세 악화로 죽을 뻔하기도 했다. 그 자신도 이 무렵 죽음을 준비했었노라고 전한다. 『사랑』을 집필했던 1939년 무렵이면 이미 긴 투병 끝에 자신의 병에 대한 나름의 마음 정리를 끝낸 상태였을 것이다. 이 책의 다른 꼭지인 「한 줄씩 써 내려간 질병과의 오랜 여정」에서도 상세하게 다룬 바이지만, 이광수의 결핵 투병은 그의 일생 전반을 가로지른 서사이기도 했다. 그런 만큼 『사랑』에서 결핵을 바라보는 안빈의 시선 역시 환자를 치료하는 의료인의 그것으로부터 상당 부분 벗어나 있을 수밖에 없었다.

물론 안빈도 의사로서의 자각을 놓았던 것은 아니다. 질병을 다스리는 최고의 방법이 '섭심'이라고 생각하면서도, 고통으로 괴로워하는 옥남을 보면서 약 하나라도 더 써 보지 못한 것을 후회하기도 하고, 다른 어떤 신묘한 치료법을 찾아내서 병을

결핵환자를 위한 의료기관으로 당시 유명했던 해주요양원.
『사랑』의 북한요양원을 묘사하는 과정에서 참고했던 곳으로 보인다.
출처:《동아일보》1934년 8월 21일 자

고칠 수 있지 않을까 하는 미련조차 품는다. 하지만 마지막까지도 옥남의 마음을 편안하게 해주는 것이 최선이라는 생각을 놓지 않는다.

안빈의 관점에서는 인간의 생명이란 의학으로 붙들 수 있는 것이 아니며, 다만 사람의 힘이 미치는 데까지 죽음을 연기시키는 것이 의학의 몫이었다. 사람의 지혜가 닿는 데까지 환자의 고통을 덜어주고 질병으로 앓는 날을 짧게 해주는 것이 의사가 할 수 있는 최선이라고 생각했기에, 대화를 통해서 환자의 마음을 다스리는 것 또한 의료인이 갖춰야 하는 덕목 가운데 하나였다. 안빈이 의사 못지 않게 간호사의 역할 또한 중시했던 것, 특히 "좋은 간호부가 있는 곳이 좋은 병원"이라고 언급했던 것도 이런 이유에서였다.

결국 옥남은 세상을 떠난다. 하지만 그 순간만큼은 누구보다도 평화로운 모습이었다. 그런 아내에게 가장 큰 버팀목이 되어주었던 것은 남편인 안빈, 그리고 그의 병원 간호사인 석순옥이었다. 석순옥은 작중에서 안빈에 대한 사랑의 감정을 품기도 하지만, 이들의 관계는 세속적인 남녀 관계는 아니다. 그보다는 돈독한 사제(師弟) 관계에 가깝다. 위의 대화 속에서 나오는 "좋은 간호부"의 표본이 되는 것이 바로 석순옥이다. 그리고 그녀를 그와 같은 자비의 길로 이끌었던 것이 스승이자 멘토였던 안빈이었다. 옥남의 마지막 순간까지 그녀를 간호하면서 끊임없는 대화를 통해 고통을 덜어주고자 힘썼던 것도 석순옥이었다.

『사랑』의 마지막 장면은 안빈이 창의문 밖 세검정 위편 북한산 자락에 세운 북한 요양원에 모든 이들이 모여서 이상적인 의료를 실현한다는 이야기로 마무리된다. 멀리 만주까지 떠났다가 병을 얻은 석순옥도 이곳에 돌아와서 건강을 회복한 뒤 안빈의 뜻을 좇아 의료 활동에 나선다. 북한 요양원을 접한 석순옥의 눈에 비친 광경이란 낙원 혹은 천국 그 자체인데, 이는 북한 요양원이라는 공간 때문이 아니다. 그 이유를 설명하는 문장만큼 어찌 보면 타인의 존재, 즉 자신의 아픔을 전달하고 나눌 수 있는 '대화'의 대상이 지닌 중요성을 단적으로 보여주는 것도 없으리라.

순옥이가 느끼기에 북한 요양원의 공기는 예전 안빈 병원의 그것보다도 더욱 밝고 더욱 맑고 더욱 따뜻하고 더욱 향기로운 것 같았다. 순옥은 그 원인을 생각하여 보았다. 서울 시내가 아니요 북한의 산속이라는 것도 한 원인일 것 같았다. 그러나 땅이 무슨 상관이랴? 선인이 사는 곳은 지옥도 극락이요, 악인이 사는 곳은 극락도 지옥이다. 이 고요한 밝음은 땅에서 오는 것이 아니라, 사람에게서 오는 것이었다. 그 사람이란 안빈과 인원과 수선과 및 그들의 빛을 받는 사물들이었다.

결국 사람을 극락으로 이끄는 것은 '땅'도, '병원'도 아니라 사람 그 자체다. 『사랑』이 가리키는 선인(善人)이란 안빈이나 석순옥, 혹은 그들을 중심으로 해서 모여든 북한 요양원의 의료인들을 지칭함이겠지만, 나아가서는 환자와 대화하면서 그들의 고통을 기꺼이 나눌 수 있는 모든 이들을 가리키는 것이기도 하다. 이광수가 『사랑』에서 이야기했던 자비, 혹은 아가페적 사랑이란 대화를 통한 돌봄의 가능성을 향해 열려 있는 마음 그 자체를 의미했던 것인지도 모르겠다.

내 이웃의 건강은 안녕한가요

- 이주민의 건강과 의료

이은영

경희대학교 인문학연구원 HK+통합의료인문학연구단 전(前) HK연구교수

1. 이주민 - 이방인 혹은 이웃

이주노동자, 외국인 유학생, 결혼이주여성의 증가로 한국 내 이주민 규모는 계속 커지고 있다. 2023년 9월 기준 국내 체류 외국인은 약 251만 명이다. 미등록(불법체류) 외국인까지 합치면 294만 명이 넘는다.(『출입국·외국인정책 통계월보』 2023년 9월호).

(단위: 만 명)

158 180 190 205 218 237 252 204 196 225 **251**

13년 14년 15년 16년 17년 18년 19년 20년 21년 22년 2023년 9월

체류외국인 증감추이
출처: 『출입국 ·외국인정책 통계월보』 2023년 9월호

이처럼 한국은 이제 명실공히 다양한 언어와 문화적 배경을 지니고 여러 나라에서 온 이주민들이 선주민과 함께 살아가는 다문화 사회이다. 그러나 이주민에 대한 혐오와 차별 문제는 여전하다. 국가인권위원회가 실시한 〈2022 인권의식실태조사〉에서 응답자 중 54.1%는 '우리 사회가 이주민에 대해 혐오 또는 차별적 태도를 갖고 있다고 생각한다.'고 답했으며, '이주민의 인권이 존중된다.'는 응답은 36.2%에 불과했다.

이슬람 사원 건립을 반대하며 삶은 돼지머리를 전시하거나 사원 건립 예정지 앞에서 통돼지 바비큐 파티를 벌이는 행사가 대표적인 이주민 차별 및 혐오 사례이다. 2022년 9월 16일 대법원은 대구 대현동 주민들의 이슬람사원 건축 중단 요구를 기각했지만, 일부 지역민들과 반대자들이 다양한 괴롭힘 형태로 저항한 것이다(《한겨레》, 2023.01.02). 국가인권위는 2023년 3월 16일 위원장 명의의 성명에서 이러한 행위를 비판했다(<대구시 북구 이슬람사원 문제에 관한 국가인권위원장 성명>, 2023.03.16).

이슬람교는 돼지고기를 먹는 행위를 엄격히 금지하고 있습니다. 건립 중인 이슬람사원 앞에서 돼지고기를 이용해 이슬람 문화를 비하하고, 이들에 대한 적대감을 표출하고 부추기는 행

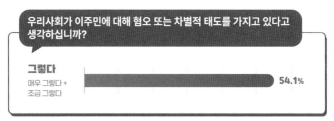

2022 인권의식실태조사 카드뉴스-이주민에 대한 혐오 또는 차별적 태도

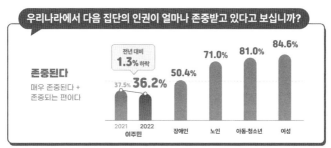

2022 인권의식실태조사 카드뉴스 - 이주민에 대한 존중
출처: 〈2022 인권의식실태조사〉

위는 인종과 종교를 이유로 한 소수자에 대한 전형적인 혐오 표현입니다. 즉시 멈춰야 할, 우리 사회에서 용인되어서는 안되는 위험한 행동입니다.

특히 미등록(불법체류) 외국인의 인권은 심각하게 침해될 수 있다. 법무부는 작년 말 '체류 기간이 지났음에도 연장이나 출국을 하지 않고 체류하는 외국인'을 '불법체류 외국인'으로 지칭하고 단속을 강화하기 시작했다. '불법체류'라는 용어에는 이미 이주민에 대한 차별과 그들을 범죄자로 보는 시선이 담겨 있다. 실제로 한국 정부의 단속은 반인권적인 행태로도 이어졌다. 2023년 3월 30일 인천출입국·외국인청은 인천의 한 클럽에서 열린 태국의 인기 가수 '암 추띠마'의 콘서트에서 태국 국적 미등록 이주민 80명과 라오스 국적 3명을 검거했다. 법무부 단속반은 잠시나마 미등록 이주민이 고국에서 온 인기 가수의 공연을 즐기며 향수를 달래던 현장을 단속의 기회로 삼았던 것이다. 예기치 않았던 불행한 사태에 암 추띠마는 인천 공연에 이어 개최하려던 천안 공연을 취소하고 귀국길에 오르며 사과를 했다(《머니투데이》, 2023.03.31).

이주민은 이질적인 언어와 문화, 종교로 선주민을 위협하는 이방인인가, 지역사회의 문화와 경제를 더 풍성하게 해 주는 우리의 이웃인가? "무엇이든지 남에게 대접을 받고자 하는 대로 너희도 남을 대접하라."(『마태복음』 7:12), "자기가 원치 않는 일을 다른 사람에게 시키지 말라(其所不欲, 勿施於人, 『논어』, 「顔淵」)."는 종교와 철학에서 말하는 황금률이다. 우리가 해외로 나가 이주민 입장이 되었을 때 우리는 어떤 대접을 받기를 바라는가? 어떤 취급을 당하지 않기를 바라는가?

2. 이주민의 질병과 의료 접근성

국적과 인종을 가리지 않고 건강은 누구에게나 소중하다. 생명권과 건강권은 국적과 불법체류 여부를 떠나 지켜져야 할 인간의 기본적인 권리이다. 그러나 2023년 3월 초 '짐승 우리만도 못한' 숙소에서 지내다가 숨진 태국인 미등록 이주노동자는 이러한 권리를 보장받지 못했다. 그의 죽음이 알려진 후 공개된 숙소는 한 명이 눕기에도 좁았으며 곰팡이가 피어 있었다. 난방 시설도 제대로 갖춰져 있지 않았고 주방 공간도 비위생적이었다. 숙소는 돼지우리에 붙어 있어서 코를 찌르는 돼지 배설

물 냄새와 유독가스로 숨쉬기 어려울 정도였다. 숨진 이주노동자는 10년 동안 이러한 열악한 환경에서 살아가며 일했다. 게다가 농장주는 그가 숨진 것을 발견하고는 인근 야산에 시체를 유기했다(《한국일보》, 2023.03.07). 이 사례는 이주민의 인권, 생명권, 건강권이 얼마나 침해받기 쉬운 상황에 놓여 있는지, 특히 미등록 이주민의 경우 그 침해 정도가 얼마나 심각할 수 있는지를 보여준다.

그렇다면 이주민들은 주로 어떤 질병에 노출되기 쉬운가? 이주민은 자신이 태어나 살던 본국과 다른 환경과 문화로 인해 건강을 잃을 위험이 크다. 이주 자체가 건강의 위해 요소인 것이다. 또한 이주한 곳에서의 직업이나 생활에 따라 다양한 질병을 앓을 수 있다. 고강도 장시간 육체노동에 종사하는 경우가 많은 이주노동자의 경우, 근골격계 질환, 위장장애, 만성질환에 시달리기 쉽다. 소음과 분진 등 유해한 직업환경에서 일하면서 호흡기계 질환, 피부질환도 흔하고, 산업재해 비율도 한국 노동자보다 더 높다.

게다가 이주민은 한국 생활 적응 과정에서 경험하는 문화 차이, 언어의 장벽, 차별로 인하여 정신건강이 취약해지기 쉽다. 이주여성은 가정폭력, 성폭력에 빈번히 노출되고, 스트레스,

우울증, 불안, 심리적 위축감 등 육체적·정신적 트라우마를 보이는 경우도 많다. 구강 건강도 이주민이 호소하는 대표적인 문제이다. 결혼이주민은 모자보건과 관련된 건강 문제가 많다. 결혼비자를 가지고 온 이주민들은 1년 미만 이내에 임신하는 경우가 많다. 즉 한국 생활에 적응하기도 전에 출산을 경험해야 하는 상황에 놓이게 된다. 그 결과 산전관리를 제대로 하지 못하거나 스트레스로 조산을 하는 등 모자 모두에게 육체적·정신적 문제가 초래되곤 한다. 실제로 이주 여성이 낳은 아동에 대한 보건의료 서비스 중 큰 비중을 차지하는 것이 미숙아 치료이다. 건강관리나 자녀 양육에 대한 지식이 부족해서 이주 여성이 낳은 아동의 예방접종, 영양섭취, 구강건강이 제대로 관리되지 않기도 한다(신유나·하세가와 사오리·최규진(2019), 42-43).

이처럼 이주민은 다양한 질병 문제를 겪고 있으며, 이주민 정책 중 이주민이 가장 필요로 하고 지원받았을 때 가장 도움이 된다고 느끼는 것도 보건·의료 정책이다(한국보건사회연구원 (2021), 132, 150). 유럽연합이 실시한 조사에서 16개 회원국가 134명의 전문가가 이주민에 대한 양질의 의료 서비스를 위해 중요하다고 생각한 원칙들은 다음과 같다. 1) 의료 서비스에 대한 쉽고 동등한 접근, 2) 이주민 역량 강화, 3) 문화민감성을 갖춘 의료 서비스, 4) 양질의 케어, 5) 환자와 의료진의 커뮤니케이션, 6) 이민자 존중, 7) 의료 서비스 내외부의 네트워킹, 8) 이주민 그룹을 대상으로 한 건강 교육, 예방, 건강증진 활동, 9) 이주민 건강과 예방에 대한 구체적 데이터의 수집과 이용. 이 중에서도 모든 국가에서 중요한 원칙으로 꼽힌 것은 첫 번째인 '의료 서비스에 대한 쉽고 동등한 접근'이다(이민정책연구원(2019), 『이주민 의료 서비스 제공 실태 및 개선방안』, 10). 이처럼 쉽고 동등한 접근성이 이주민에 대한 양질의 의료 서비스를 위해 최우선적으로 중요하다고 손꼽혔음에도 불구하고 실제 이주민의 의료 접근성은 높지 않다. 그 이유는 무엇일까?

첫째, 언어의 장벽은 이주민의 의료 접근성을 떨어뜨리는 주요 요인이다. 의료기관에서 사용하는 용어와 대형병원으로 갈수록 복잡해지는 의료시스템은 한국인에게도 결코 쉽지 않다. 의료정보 문해력(health literacy)은 이주민만이 아니라 한국인에게도 필요한 능력이다. 그러한 상황에서 한국어를 하지 못하는 이주민에게 의료기관의 문턱은 높을 수밖에 없다. 그래도 영어권에서 온 이주민, 혹은 영어를 제2언어로 사용하는 나라에서 오거나 개인적 역량으로 영어를 할 수 있는 이주민에게는 언어의 장벽이 상대적으로 낮은 편이다. 그러나 한국어도 영어도

할 수 없는 이주민들에게 누군가의 도움 없이 혼자서 직접 의료기관을 방문해서 진료를 받는다는 것은 엄두가 안 나는 일이다. 응급 상황에서는 심각한 사태로 이어질 수 있다. 우리는 갑작스러운 발병이나 사고시에 급하게 119에 전화하는 것에 익숙하다. 그러나 한국어가 서툰 이주민은 119에 전화해서 어떻게 말을 해야 할까? 119에 전화하면 도움을 받을 수 있다는 것을 알고는 있을까?

둘째, 체류 신분이 불안정한 미등록 이주민의 경우는 의료기관 방문을 꺼린다. 공연장에서까지 미등록 이주민 단속이 이루어지면서 미등록 이주민은 민간이나 종교단체에서 주관하는 무료 진료소 방문도 기피하게 되었다. 그들은 질병을 치료하고 건강을 관리하는 것보다 법무부의 단속에 적발되어 추방되는 것이 더 두렵고 곤란한 일이다. 단속이 두려워 아파도 병원이나 무료 진료소에 가지 못하는 상황, 혹은 건강검진으로 조기에 질병을 발견하거나 건강을 관리하지 못하는 상황이 벌어지는 것이다. 또한 보험이 없어서 비용 부담이 크다는 것도 미등록 이주민이 의료기관을 찾기 어려운 이유이다.

셋째, 문화 차이이다. 출신 국가와 한국 의료 시스템에 차이가 있을 때 이주민은 의료 서비스 이용에 불편을 겪는다. 또한 이주민의 종교와 전통에 대한 배려나 이해가 없을 때 이주민은 의료 서비스 이용을 꺼릴 수 있다. 한 예로 돼지고기 섭취를 금기시하는 무슬림들에게 코로나19 백신에 돼지의 성분이 들어가는지 여부는 중요한 문제이다. 그들의 종교에 대한 이해와 존중, 안심하고 백신 접종을 할 수 있도록 신뢰할 수 있는 정보를 제공하는 것이 병행되지 않을 때, 백신 접종을 기피하는 문제가 생긴다.

의료 접근성을 떨어뜨리는 그밖의 이유로는 거주지나 근무지 근처에 의료기관이 없어서 물리적으로 접근 자체가 어렵다는 것, 이주노동자의 경우 평일 근무 시간에 의료기관을 방문하기 어렵다는 것 등이 있다. 건강보험 문제도 있다. 앞서 보았던 것처럼 미등록 이주자는 건강보험 적용을 받을 수 없어서 의료 서비스 이용이 어렵다. 비자를 받고 입국한 경우에도 입국 후 건강보험 지역가입자 혹은 직장가입자로 가입하기까지의 기간이 공백으로 남으면서 그 사이에 사고나 질병이 발생했을 때 본인부담이 크다는 문제가 있다. 외국인 건강보험가입자격 취득일을 입국일이나 사업장에서 근로자가 된 날부터가 아니라 입국 후 90일 이내에 하게 되어 있는 외국인등록일로 적용하고 있기 때문이다(《경향신문》, 2023.02.20.).

3. 그들은 왜 무료 진료소를 찾는가?
- 이주민 무료 진료소 현장

그렇다면 의료 접근성을 어떻게 개선할 수 있을까? 이제 이주민들이 의료적 문제를 해결하기 위해 방문하는 현장을 살펴봄으로써, 의료 접근성 개선의 실마리를 찾아보자. 김포시 통진읍에 위치한 김포이웃살이는 가난한 이를 우선적으로 선택하는 예수회 정신에 따라, 이주노동자를 이웃으로 받아들이고 그들의 권익 보호와 자조적인 공동체 형성을 위해 그들과 연대하는 이주노동자지원센터이다. 이주민의 복지 향상과 인권 증진을 위해 이웃살이는 노동문제 상담, 쉼터 제공, 교육, 다문화 활동 등을 지원한다. 특히 이주민의 건강을 위해 이웃살이는 의료문제 상담, 의료기관 동반을 제공하며, 연 2회 무료건강검진을 실시한다.

이주민지원센터 김포이웃살이를 운영하는 오현철 신부에 의하면, 법적·경제적 문제가 없는 경우, 즉 직접 병의원을 방문해서 의료보험으로 의료 서비스를 받을 수 있고 비용 지불 능력이 있는 경우에도 이주민지원센터 등에서 실시하는 무료 진료소나 의료기관 동행 서비스를 선호하는 이주민이 많다. 이주

이주노동자지원센터 김포이웃살이

이주민 무료 진료소 이동클리닉 버스

민은 왜 무료 진료소를 찾는가?

2023년 5월 14일 김포이웃살이에서는 이주민 무료 진료소가 열렸다. 최근 단속이 강화되면서 무료 진료소 이용이 가장 필요한 미등록 이주민이 방문을 꺼리는 사태가 벌어질 것을 우려하며 센터 측은 무료 진료소의 개소를 사전에 적극적으로 홍보하는 한편, 그들이 안전하게 방문하고 진료받을 수 있는 환경을 조성했다. 센터는 무료 진료소 개소 당일 언론 취재를 요청했는데, 혹시라도 단속 사태가 벌어지는 것을 방지하기 위해서였다. 언론이 취재하는 현장에서 함부로 단속할 수는 없을 터였다. 당일 현장에는 불법체류 상태여도 범죄 피해를 입었을 경우 단속 걱정 없이 신고를 하라는 내용을 홍보하려고 경찰관들도 나와 있었다. 경찰들은 혹시라도 미등록 이주민들이 단속을 나온 것으로 오해할까봐 사복 차림이었지만 그마저도 멀리서 배너의 경찰 로고만 보고도 이주민들이 발걸음을 돌릴 수 있어서 센터는 일찍 철수하기를 요청했다.

무료 진료소는 김포이웃살이뿐만 아니라 경희의료원, 고려대학교 안암병원, 대한결핵협회, 라파엘클리닉 등 여러 단체의 협력으로 진행되었다. 9시가 넘어서자 이동클리닉 버스 두 대와 결핵협회 버스, 고려대학교 버스가 도착했다. 이동클리닉

김포이웃살이 이주민 무료 진료소

무료 진료소 제공 점심식사 메뉴

버스 두 대는 각각 산부인과와 안과·이비인후과 진료를 위한 것이었다. 센터 안도 이주민들을 맞이하기 위한 준비가 시작되었고 이주민들이 일찌감치 혼자, 혹은 동료나 친구들과 함께 도착하기 시작했다.

앞에서 보았던 것처럼 이주민의 의료 접근성이 떨어지는 주요 요인은 언어의 장벽이다. 이주민센터에서 개최하는 무료 진료소에는 의료진뿐만 아니라 이주민의 건강 문제를 의료진에게 통역해 주고, 다시 의료진의 진료 내용을 이주민에게 통역해 주는 통역 자원봉사자들이 있었다. 앞의 쪽 사진에서 조끼를 입은 이들이 무료 진료소 진행을 돕는 자원봉사자들이며, 이들 중 몇 명은 통역 담당이다. 통역은 대개 해당 언어 사용 국가에서 온 이주민 중 한국어를 잘 하는 사람들이 맡는다. 이주민들 중에는 영어와 한국어 모두 하지 못하는 경우가 많았지만, 센터 측의 환대와 통역 봉사자들의 도움으로 편안하게 진료를 받을 수 있었다.

5월 14일의 무료 진료소에서는 이주민 123명이 가정의학과, 내과, 산부인과, 소아청소년과, 안과, 이비인후과, 정형외과, 흉부외과, 결핵검사 9개 과목을 진료받았다. 진료받은 이주민들 중에는 센터의 한국어 교육 등 다른 프로그램에 참여해 온 이주민들도 있었지만, 무료 진료소가 첫 방문인 이주민들도 있었다.

무료 진료소의 분위기는 전체적으로 여유롭고 밝았다. 화창한 봄날에 열린 무료 진료소는 단지 건강검진이나 치료를 위한 곳만은 아니었다. 센터의 신부님과 자원봉사자들, 친구와 동료, 동향인을 만나서 담소를 나누는 곳이기도 했다. 센터가 제공하는 식사를 즐기는 이주민들은 나들이를 나오거나 잔치에 초대된 듯한 모습이었다.

4. 이주민 의료 접근성 개선을 위한 인문학의 역할

김포이웃살이 무료 진료소 현장에서 확인한 것은 그곳에서 의료는 가장 중요하고 필수적인 요소이긴 하지만, 전부는 아니라는 점이다. 언론사와의 인터뷰에서 통역 봉사자 말릭 자한 젭(Malik Jahan Zeb·27) 씨는 "적합한 치료가 필요해도 무료 진료소 없이는 참아야만 하는 고통을 같은 이주노동자로서 잘 안다."며 "이런 봉사로라도 도움이 되고 싶다."고 했다(《가톨릭신문》, 2023.05.21). 통역만으로도 이주민에게는 큰 도움이 되지만, 그 이상으로 그들의 상황과 심정, 문화를 잘 아는 동향의 통역 봉사자의 존재는 이주민이 안심하고 자신의 건강 문제를 무료 진료소에서 꺼내놓을 수 있는 이유이다.

무료 진료소 현장에는 앞에서 보았던 의료 접근성을 떨어뜨리는 이유들, 즉 언어의 장벽, 문화의 차이, 단속에 대한 두려움을 없애려는 노력과 배려가 있었다. 물리적, 시간적으로 의료기관 방문이 어려운 이주민들을 위해 진료소는 그들 가까이에서, 그들이 일하지 않는 시간에 열렸다. 한국어와 한국 문화를 알리는 센터의 다른 활동들, 그리고 이주민의 문화 차이를 인정·배려하고 각 이주민 집단의 커뮤니티 활동을 지원하는 센터의 지속적인 활동들은 그들이 센터를 신뢰하고 의료기관 동행을 요청하고 의료상담을 받거나 무료 진료소에 방문할 수 있게 해 준다.

이주민의 의료 접근성 문제는 단지 의학만으로 풀 수 있는 문제가 아니다. 정치적, 사회학적 접근도 필요하며, 정책 및 사회의 실제적인 변화와 개선이 동반되어야 하는 문제이다. 또한 인문학적 접근도 필요하다. 다른 언어와 문화를 이해하고, 한국의 언어와 문화를 교육하며, 인권과 건강권, 차별과 혐오 등 윤리적인 문제를 제기하며, 커뮤니케이션을 연구하는 것은 인문학의 영역이다. 인간의 존엄성, 정의, 평등, 연대, 상호존중은

인문학이 소중히 여기고 탐구하는 인간의 가치이다. 이주민이 있는 의료 현장은 바로 그 인문학이 함께해야 하는 곳이다.

구체적으로 이주민의 의료 접근성을 개선하는 데, 이를 통해 그들의 건강을 증진시키는 데 인문학은 어떠한 역할을 할 수 있는가? 우선 다양한 국적의 이주민들의 언어를 한국어로, 그리고 한국어를 그들의 언어로 통번역하는 것은 실질적으로 큰 도움이 된다. 기존에 의료통역사가 있긴 하나, 대개 중대형 병원에 소속되어 활동하거나 의료관광을 목적으로 온 사람들의 통역을 맡는다. 여전히 수많은 이주민들은 통역사의 도움을 받지 못하고 방치되고 있다. 무료 진료소의 자원봉사자들은 대개 그들 자신도 한국어를 익혀 가는 과정 중에 있는 이주민들이다. 그렇기에 전문성이나 한계도 분명하다. 인문학의 다양한 언어 전공자가 의료 현장에서 사용할 수 있는 통번역 매뉴얼이나 가이드 제작을 한다면 더 효율적이고 전문적인 통번역이 가능할 것이다.

이 과정에서 대학 사회의 유학생이 참여한다면 더욱 정확하고 실질적인 도움이 되는 매뉴얼 제작이 가능할 것이다. 유학생 자신이 도움을 필요로 하는 이주민이자 다른 이주민들보다 한국어 능력이 뛰어나서 도움을 줄 수 있는 존재이다. 유학생-

이주노동자 혹은 유학생-결혼이민자 커뮤니티가 활성화되게 해서 의료현장의 통번역과 한국어 교육이 그들 사이에서 자연스럽게 이루어지는 시스템이 정착한다면 의료 접근성 문제도 효과적으로 해결될 수 있을 것이다.

또한 이주민의 의료 접근성을 높이기 위해서는 단순히 기계적인 언어 통번역에 머무르지 않고 그들의 문화에 대한 이해와 배려에 기반한 소통이 이루어져야 한다. 그래서 한편으로는 한국의 의료 시스템과 문화를 이주민에게 알리고 이해시키며, 다른 한편으로는 한국의 의료인에게 이주민들의 문화를 알리고 이해시킬 필요가 있다. 인문학은 이주민을 대상으로 한 한국어와 한국문화 교육, 의료인을 대상으로 한 다양한 이주민의 문화, 특히 그들에 대한 진료와 치료를 할 때 유의해야 할 사항을 교육하는 역할을 할 수 있다. 또한 이주민이 의료인에게 바라는 것이 무엇인지, 의료인이 이주민에게 권고하고 싶은 것은 무엇인지 묻고 전달하는 소통의 장을 마련하고 소통의 매개자 역할을 할 수 있다.

이러한 현실적인 도움 외에 근본적으로 인문학은 우리 사회에 질문을 던지는 역할을 할 수 있으며, 해야 한다. 2023년 3월 조정훈 시대전환 의원은 최저임금법 적용을 받지 않는 외국인 가사도우미 도입 법안을 발의했다. 쉽게 말해서 '월 100만 원에 값싸게 외국인 가사도우미를 쓰자'는 것이다. 이것은 우리 사회 일부의 외국인 근로자에 대한 잘못된 시선이 존재하는 현실을 보여준다. 즉 싼값에 고용해서 우리가 하기 싫은 더럽고(dirty), 어렵고(difficult), 위험한(dangerous) 일을 대신 시켜도 되는 존재들로 보는 시선이다. 하지만 그들은 값싸게 이용할 수 있는 상품이 아니라 우리와 마찬가지로 '존엄성(dignity)'이 있는 인간이다. 공공연하게 차별받아도 되는 존재가 아니다. 우리가 해외에 이주했을 때 그곳에 있는 선주민들이 우리를 값싼 상품으로 보기를 원하는가, 자신들과 마찬가지의 존엄성을 가진 인간으로 보기를 원하는가? 이주민의 의료 접근성을 개선하기 위해서는 근본적으로 그들이 어떠한 병의원에 방문해도, 어떠한 의료진을 만나더라도 차별과 혐오의 시선, 그들의 존엄성을 침해하는 시선과 마주치지 않도록 해야 한다. 건강의 문제에 있어서 인권이 침해되거나 차별받는 일이 일어나지 않도록 해야 한다.

참고문헌
집필자 소개

참고문헌

승려, 질병과 함께 걷다 / 이은영

「법정 스님 유언장 전문」.《연합뉴스》. 2010.03.17.
대한불교조계종 전국선원수좌회.『대한불교조계종 선원청규 자료집』.
    2012.
대한불교조계종 전국선원수좌회.『대한불교조계종 선원청규』. 2010.
법정 스님. 류시화 엮음.『살아있는 것은 다 행복하라』. 조화로운 삶. 2006.
법정 스님.『아름다운 마무리』. 문학의 숲. 2008.
윤창화.『선불교』. 민족사. 2022.
자각종색선사 원저. 최법혜 역주.『고려판 선원청규 역주』. 가산불교문화연
    구원. 2001.
정혜연·김남성.「知人들이 전하는 法頂 스님의 알려지지 않은 이야기」.『월
    간조선 뉴스룸』. 2010.4.
조채희 기자.「"길상사 가시겠느냐 묻자, 고개 끄덕"」.《한겨레》.
    2010.03.12.
지허 스님.『선방일기』. 불광출판사. 2010.

한 줄씩 써 내려간 질병과의 오랜 여정 / 박성호

《개벽》. 개벽사. 1920-1926.
《동아일보》. 동아일보사. 1920-현재.
《매일신보》. 매일신보사. 1910-1945.

『문장』. 문장사. 1939-1941.

『청춘』. 신문관. 1914-1918.

『이광수 전집』. 삼중당. 1971.

김양진 외. 『의료문학의 현황과 과제』. 모시는사람들. 2020.

김윤식. 『이광수와 그의 시대』. 솔. 1999.

박성호. 「1900~1910년대 지식층의 신경쇠약 개념에 대한 수용과 전유」.
        『JKC』 53. 2021.

박성호 외. 『감염병의 장면들』. 모시는사람들. 2022.

신동원. 「일제강점기 여의사 허영숙의 삶과 의학」. 『의사학』 21-1, 2012.

제국주의와 질병 연구의 부정한 동행 / 정세권

박진빈. 「제국의 개혁과 실험장: 미국의 파나마 운하 건설」. 『미국사연구』
        32. 2010.

찰스 밀스 지음. 정범진 옮김. 『인종계약』. 아침이슬. 2006.

Pier, Arthur Stanwood. *American Apostles to the Philippines*. Beacon
        Press. 1950.

Anderson, Warwick. "Richard Pearson Strong." John A. Garrary and Mark
        C. Carnes eds. *American National Biography* vol. 26. New York:
        Oxford Univeristy Press. 1999.

Barde, Robert. "Prelude to the Plague: Public Health and Politics at
        America's Pacific Gateway, 1899." *Journal of the History of
        Medicine and Allied Sciences* 58. 2003.

Bean, William B. "The Fielding H. Garrison Lecture: Walter Reed and
        the Ordeal of Human Experiments." *Bulletin of the History of
        Medicine* vol. 51, no. 1. 1977.

Carpenter, Charles C. J. and Richard B. Hornick. "Killed Vaccine: Cholera,

Typhoid, and Plague." Andrew E. Artenstein ed. *Vaccines: A Biography.* New York: Springer. 2010.

Cirillo, Victor J. Bullets and Bacilli. *The Spanish-American War and Military Medicine.* New Brunswick, New Jersey and London: Rutgers University Press. 1999.

Hagwood, Barbara J. "Waldemar Mordecai Haffkine, CIE (1860-1930): prophylactic vaccination against cholera and bubonic plague in British India." *Journal of Medical Biography* vol. 15. 2007.

Haynes, Douglas Melvin. "Social Status and Imperial Service: Tropical Medicine and the British Medical Profession in the Nineteenth Century." David Arnold ed. *Warm Climate and Western Medicine: the Emergence of Tropical Medicine, 1500-1900.* Amsterdam, Atlanta: Rodopi, B.V., 1996.

Kober, G. M. "George Miller Sternberg, M.D., LL, D: Appreciation." *American Journal of Public Health* vol. 12, no 5. 1912.

Stepan, Nancy Leys. "The Interplay between Socio-Economic Factors and Medical Research: Yellow Fever Research, Cuba and the the United States." *Social Studies of Science* vol. 8, no. 4. 1978.

같은 듯 다른 의료기술의 역사 / 정세권

《동아일보》《조선일보》《매일경제》《한겨레》《경향신문》

김재호. 「근시교정을 위한 방사상각막절개술(RK)의 임상경험」. 『대한안과학회잡지』 23-4. 1983.

김태호. 「"독학 의학박사"의 자수성가기: 안과의사 공병우(1907-1995)를 통해 살펴본 일제강점기 의료계의 단면」. 『의사학』 22-3. 2013.

김희원. 「한국의 초음파 기반 의료사회적 환경과 갑상선암 지식의 공동생

산」. 서울대 석사논문. 2016.

박근성·심완섭. 「근시안에서 엑시머레이저 굴절교정각막절제술의 효과」. 『충남의대잡지』 24-2. 1997.

박승만. 「복강경의 기술사: 1970-1980년대 한국의 복강경 기술 도입과 보급, 영향」. 연세대 박사논문. 2021.

박신혜·나경선·권형구·이현수·주천기. 「국내 각막굴절교정학용 렌즈의 처방 현황에 대한 첫 설문조사」. 『대한안과학회지』 50-4. 2009.

박지영·미야가와 타쿠야·홍정화·김옥주. 「1950-60년대 한국의 뇌폐흡충증과 심보성의 대뇌반구적출술」. 『의사학』 20-1. 2011. 119-161쪽.

이원희·박영기·서종모·신종훈. 「각막굴절교정학 콘택트렌즈가 근시 및 난시의 진행에 미치는 영향」. 『대한안과학회지』 52-11. 2011.

정호길·이경용·배지현. 「각막굴절교정렌즈 착용 전후 근시 진행의 변화」. 『대한안과학회지』 60-7. 2019.

주천기 외. 『근시교정술 장기간 안전성과 안정성』. 서울: 한국보건의료연구원. 2011.

최진석. 「각막굴절교정렌즈 처방의 원리와 치료효과」. 『대한의사협회지』 60-8. 2017.

최은경. 「1970~1990년대 한국 유전자 산전진단기술 도입 - 성 감별에서 기형아 공포로」. 『사회와 역사』 135. 2022.

환자, 자신의 아픔을 말하다 / 박성호

《동아일보》. 동아일보사. 1920-현재.

《매일신보》. 매일신보사. 1910-1945.

《황성신문》. 황성신문사. 1899-1910.

『이광수 전집』. 삼중당. 1971.

김종우. 『화병으로부터의 해방』. 도서출판 여성신문사. 2007.

박성호. 「근대 초기 소설에 나타난 기독교와 치유의 문제 - 「몽조」와 「인생의 한」을 중심으로」. 『우리어문연구』 66. 2020.

박성호. 「《매일신보》 소재 번안소설 속 여성인물의 신경쇠약과 화병의 재배치 - 「쌍옥루」와 「장한몽」을 중심으로」. 『어문논집』 89. 2020.

박진영. 「1910년대 번안소설과 '실패한 연애'의 시대 - 일재 조중환의 『쌍옥루』와 『장한몽』」. 『상허학보』 15. 2005.

조경덕. 「기독교 담론의 근대서사화 과정 연구」. 고려대 박사논문. 2011.

내 이웃의 건강은 안녕한가요 / 이은영

「마태복음」

『논어』

국가인권위원회. 〈2022 인권의식실태조사 카드뉴스〉.

국가인권위원회. 〈대구시 북구 이슬람사원 문제에 관한 국가인권위원장 성명〉. 2023.03.16.

김향미 기자. 「일 시작해도 건보 바로 가입 못 해…왜, 이주노동자라서요」. 《경향신문》. 2023.02.20.

박주헌 기자. 「김포이웃살이 '이주민 위한 이동 클리닉'」. 《가톨릭신문》. 2023.05.21.

법무부 출입국·외국인정책본부. 〈출입국. 외국인정책 통계월보〉 2023년 9월호.

신유나·하세가와 사오리·최규진(2019). 「미등록 이주민의 건강 현황 분석과 보건의료서비스 접근성 향상을 위한 제언-문헌조사와 전문가 인터뷰를 중심으로」. 『공공사회연구』 제9월 1호. 42-43.

이민정책연구원. 『이주민 의료서비스 제공 실태 및 개선방안』. 2019.

이종구 기자. 「돼지농장서 숨진 태국 근로자…곰팡이방에 살았다」. 《한국일보》. 2023.03.07.

하수민 기자. 「인천 클럽에 태국 인기가수 뜨자…몰려든 불법체류자 158명 긴급체포」.《머니투데이》. 2023.03.31.

한국보건사회연구원. 『사회통합의 또 다른 시각-이주민이 인식한 한국 사회의 수용성』. 2021.

한승훈. 「대구 이슬람사원보다 '돼지머리 시위'가 더 위험하다」.《한겨레》. 2023.01.02.

김포이웃살이 오현철 신부 인터뷰. 2023.04.16.

박성호   경희대학교 인문학연구원 HK+통합의료인문학연구단 HK
연구교수. 고려대학교 국어국문학과 졸업, 동 대학원에서
박사학위를 받았다. 주요 저서와 논문으로는 『화병의 인문
학』(공저), 『의료문학의 현황과 과제』(공저), 『감염병을 바라
보는 의료인문학의 시선』(공저), 「한국근대소설 속 신경쇠
약과 결핵의 인접 관계에 대한 인식의 형성과 구체화」, 「좀
비 서사의 변주와 감염병의 상상력」 등이 있다.

이은영   경희대학교 인문학연구원 HK+통합의료인문학연구단 전
(前) HK연구교수. 경희대학교를 나와 동대학원에서 철학
박사 학위를 받았다. 주요 저서와 역서, 논문으로는 『감염
병을 바라보는 의료인문학의 시선』(공저), 『의철학과 의료
윤리 연구의 현황과 과제』(공저), 『마인드풀니스』(공역), 『각
성, 꿈 그리고 존재』(공역), 「자리이타의 호혜적 의료인 환
자-관계」, 「불교 의료윤리-의사, 간병인, 환자 윤리를 중심
으로」, 「불교의학의 질병관」 등이 있다.

정세권　경희대학교 인문학연구원 HK+통합의료인문학연구단 HK 연구교수. 서울대학교 농생물학과를 나와 같은 대학교 과학사 및 과학철학 협동과정에서 이학박사 학위를 받았다. 주요 저서와 논문으로는 『새로운 의료, 새로운 환자』(공저), 『환자란 무엇인가』(공저), 「콘택트렌즈에서 '드림렌즈'까지-시력교정기술의 문화사」, 「산업기술에서 일상기술, 그리고 방역을 돕는 기술로-한국의 QR 코드 도입과 확산」, 「Medical Support Provided by the UN's Scandinavian Allies during the Korean War」(공저) 등이 있다.

iMH 통합의료인문학연구단

경희대학교 인문학연구원 HK+통합의료인문학연구단은 4차 산업혁명 시대 인간 중심 가치를 정립할 수 있는 통합의료인문학의 구축과 사회적 확산을 목표로 연구와 실천을 진행하고 있다. 의료인문학 지식의 대중화에 힘쓰고 지역사회의 인문학 발전에 기여하고자 지역인문학센터 〈인의예지〉를 설립하여 운영하고 있다.

지역인문학센터 인의예지

〈인의예지〉 지역인문학센터는 경희대학교 인문학연구원에서 주관하는 HK+통합의료인문학연구단 사업의 일환으로, 의료인문학 지식의 대중화에 힘쓰고 지역사회의 인문학 발전에 기여하고자 하는 목표 하에 설립되었다.

통합의료인문학 TEEM ON&ON

경희대학교 인문학연구원 / HK+통합의료인문학연구단 / 통합의료인문학 교양총서07

질병과 함께 걷다

등록 1994.7.1 제1-1071
1쇄 발행 2024년 2월 20일

기 획   경희대학교 인문학연구원 HK+통합의료인문학연구단
지은이   박성호 이은영 정세권
펴낸이   박길수
편집장   소경희
편 집   조영준
관 리   위현정
디자인   조영준
펴낸곳   도서출판 모시는사람들
         03147 서울시 종로구 삼일대로 457(경운동 수운회관) 1207호
전 화   02-735-7173 / 팩스 02-730-7173

인 쇄   피오디북(031-955-8100)
배 본   문화유통북스(031-937-6100)
홈페이지 http://www.mosinsaram.com/

값은 뒤표지에 있습니다.
ISBN   979-11-6629-186-9 04000
세 트   979-11-88765-83-6 04000

이 저서는 2019년 대한민국 교육부와 한국연구재단의 지원을 받아 수행된 연구임
NRF-2019S1A6A3A04058286